理科授業サポートBOOKS

小学校理科・生活科
授業で使える
科学あそび60

月僧 秀弥 著

JN017640

明治図書

はじめに

●エンターテインメントの中で科学を学ぼう

1980年代に，理科を苦手とする子どもたちが増加したと考えられたことから，**「理科離れ」「理科嫌い」**という言葉が使われました。この対策の一つとして，1992年に科学技術館で「青少年のための科学の祭典」全国大会が始まったのをきっかけに，全国で様々な児童生徒向けの科学イベントなどのサイエンスコミュニケーションが行われるようになりました。

そして，科学実験・工作が，**「エンターテインメント」**になっていきました。子どもたちは，テレビやイベントの実験・工作に目を輝かせて見たり取り組んだりしています。

本書では，筆者がこれまでサイエンスショーや実験教室で行ってきた，子どもをわくわくドッキリさせるような面白い実験・工作を**「科学あそび」**としてまとめました。

子どもたちは，実験・工作が大好きです。実験・工作を通して，子どもたちは科学を楽しみながら様々な現象を学び，科学への興味関心を高めています。エンターテインメントの中で科学を学ぶ，これが「科学あそび」です。

●科学あそびで，子どもたち主体の授業に

本書で紹介する科学あそびは，実験教室やサイエンスショーで行った実験・工作の中から，小学生が楽しみながら学べるものや，小学校の先生に授業で使ってほしいものを選びました。先生方がこれらの実験を小学校の**理科授業の導入やまとめの場面で使う**ことで，現象を楽しんだり，原理の理解につながったりするのではないかと思います。

例えば，3年「風とゴムの力の働き」の学習では，導入の場面でプラスチックコップを飛ばすあそびを紹介しています。ゴムの本数や伸ばし方を変え

てみると，コップの飛び方が変わります。なかなか上手に飛ばせず，意欲が続かない子がいることもありますが，本書で紹介する「マグヌスコップ」（p.11）のように飛ぶコップを曲げる技を使うと，子どもたちは自分でもやってみたい，上手に飛ばしたいと感じ，夢中になります。すぐにコップを飛ばせるようになった子も，教師の紹介する不思議な飛ばし方に興味をもち，自分たちでも工夫を始めます。

　授業の導入で，いろんな疑問をもつことができれば，**子どもたちが主体的に取り組む授業**になります。単元のまとめの場面では，風車を使って動く車をつくれば，子どもたちはものづくりの楽しさも経験できます。風に押されて進むだけでなく風に向かって進む車の様子に，子どもたちはものづくりを楽しむだけでなく，実験にも疑問をもって取り組みます。

　また，生活科の授業で取り入れることができる科学あそびも紹介しています。学習指導要領の生活科の教科の目標では，小学校３年生以降に学ぶ理科授業で身に付けてほしい資質・能力の基礎となる力を身に付けることをねらいとしています。子どもが周りの自然と関わる様々な科学あそびの中で，自然の事象・事物に目を向けることができるようになることで，理科を学ぶための基礎となる経験ができると考えています。

●**本書の特徴**

　本書の特徴として，**授業で使うことができるサイエンスコミュニケーションの実験や教材を紹介**していることが挙げられます。これまで見たことがない実験・工作や，見たことはあるけれど，どのように授業に取り入れるか悩んでしまう実験・工作について，それぞれの成功のポイントに加えて，教師のプレゼンテーションの一部や，子どもの反応の例も紹介しました。筆者がサイエンスショーなどでお話ししたセリフを思い出して書いています。実験では子どもたちは先生のおしゃべりも楽しみにしています。

　また，紹介した実験・工作は，比較的簡単な準備で可能な内容がほとんどです。筆者は，多くの材料を100円ショップやホームセンター，最近ではイ

ンターネット通販で購入しています。本書で紹介する準備物は，比較的簡単に入手できるようになっています。

　これらのあそびを授業で使う前に，**ぜひ先生ご自身で試してみてください。**本で読むとわかった気になりますが，実際にやってみるとひと工夫して行う必要があるものがあります。簡単そうに見えても，意外に難しい実験・工作もあるのではないかと思います。

　本書で紹介した科学あそびには，筆者がオリジナルで考えた実験・工作もあります。いろいろな先生から教えていただき，自分なりに教材や提示方法をアレンジして行った実験・工作もあります。担当していた科学部の生徒たちと，試行錯誤しながらやり方を考えた実験・工作もあります。参考にさせていただいた文献や内容はできるだけ紹介いたしましたが，20年間のことなので抜けがあるかと思いますが，ご容赦ください。

　これまで多くの先生方に教えていただいた成果として本書をまとめています。これまでお話しさせていただき，実験・工作を教えていただいた先生方に感謝の意を表します。

　また，本書の中の写真は，これまでの実験教室の写真を使い，子どもたちの反応をわかりやすく伝えたつもりですが，普段のサイエンスショーや実験教室では写真を撮ることができないため，本書の作成にあたって多くの写真を撮影しました。協力いただいた多くの先生方の多大なる支援に感謝の意を表します。

月僧　秀弥

CONTENTS もくじ

全学年

生活科

01 コップ飛ばし

　つないだプラスチックコップをゴムの力で飛ばしてみましょう。クリップに輪ゴムを引っかけ，コップから手を離すと，コップを飛ばすことができます。輪ゴムの本数や伸ばし方を変えて，コップを飛ばしてみましょう。

▌準備の手順

```
材料・用具　透明プラスチックのコップ2個（210mL 程度のもの），クリップ，
輪ゴム（16号程度），セロハンテープ，ペンチ
```

❶　2つのプラスチックコップを底の面で合わせ，数本のセロハンテープで隙間ができないようにしてとめる。

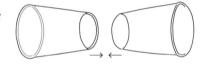

❷　ペンチを使ってクリップを曲げる。

外側の
クリップを

ペンチではさんで

えいやっ

こんな
感じ!!

❸ つないだコップにクリップを乗せ，セロハンテープでとめる。クリップ
は輪ゴムで引っ張ったときに外れないようにする。

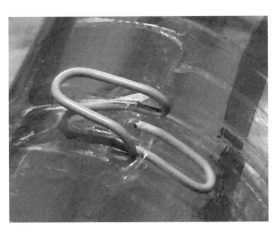

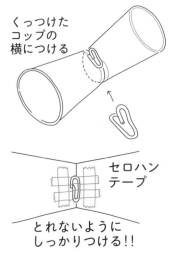

くっつけた
コップの
横につける

セロハン
テープ

とれないように
しっかりつける!!

コップにつけたクリップ

❹ コップにマジックで絵を描くと，コップの回転がよくわかる。

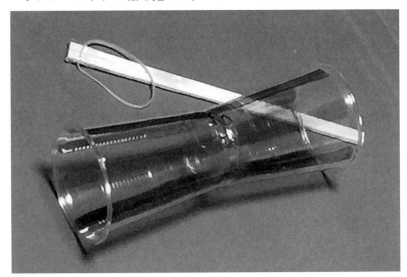

コップの完成品と割り箸に輪ゴムをつけた発射台

■ あそび方

　クリップに輪ゴムを引っかけ，コップから手を離します。輪ゴムをしっかり持って手を離すと，コップはまっすぐ飛んでいきます。輪ゴムを持って飛ばすことが難しいときには，発射台をつくると飛ばしやすくなります。

おもいっきり
引っ張って
この手を
離す！！

プラスチックコップの飛ばし方

T　どうしたらコップを遠くまで飛ばすことができるかな？

C　輪ゴムをたくさん伸ばすと遠くまで飛んだよ。

T　そうだね。他にも方法があるよ。

C　わかった。輪ゴムをたくさん使ってみるといいよ。

T　何本の輪ゴムを使うと一番遠くまで飛ばせるかな？

> **ポイント**
> 　コップを遠くまで飛ばすためには，ゴムの伸ばし方や本数などいろいろ工夫することができます。

　ゴムを使って何かを飛ばす経験は，今の小学生にはあまりない経験のようで，ゴムを持った手とコップを持った手のどちらの手を離せばよいか悩む子もいます。失敗しても子どもにとってはとても楽しい経験になります。

02 マグヌスコップ

【風とゴムの力の働き】

輪ゴムを使って回転を与えると，コップをカーブさせることができます。コップの飛ばす向きを変えて，いろいろな飛ばし方を工夫しましょう。

■ 準備の手順

材料・用具 「01 コップ飛ばし」（p.8）でつないだプラスチックコップ，輪ゴム３本（16号程度）
---

❶ 輪ゴム３本を１本になるようにつなぎ合わせる。しっかり伸ばして，輪ゴムが外れないようにする。

❷ コップにつけたクリップにつないだ輪ゴムを引っかけ，輪ゴムを伸ばしながら３〜４周巻きつける。３本の輪ゴムのうち２本はできるだけ伸ばして輪ゴムに巻きつけ，コップを回転させるために使う。残りの１本はコップを飛ばすために使う。

❸ 次ページ：右の写真のような向きにコップを持ち，輪ゴムをできるだけ伸ばす。伸ばした輪ゴムを少し上に向け，コップを持った手を離す。

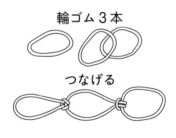

輪ゴム３本

つなげる

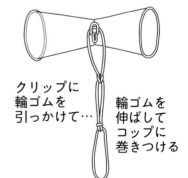

クリップに
輪ゴムを
引っかけて…

輪ゴムを
伸ばして
コップに
巻きつける

クリップに引っかけ，ゴムを強く引っ張りながら巻く

■ あそび方

　前にコップを飛ばすと，コップは下から上向きに回転し，上に少し浮くような動きで飛んでいきます。コップを飛ばす向きを工夫することで，様々な飛ばし方をすることができます。

前に向かって飛ばすとき

　例えば，次のように上に向かって飛ばすと，ブーメランのように戻る動きを観察することができます。

 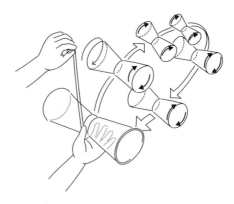

上向きに飛ばすとき

T　どうやって飛ばすとコップはよく曲がるかな。

C　輪ゴムをたくさん伸ばして遠くまで飛ばすといいのかな？

T　コップに輪ゴムをしっかり巻いて，コップをたくさん回転させてみよう。

C　どうやったら輪ゴムをたくさん巻けるのかな？

T　輪ゴムを巻くときに，輪ゴムをしっかり伸ばしながら巻くといいよ。

ポイント

　不思議に見えるコップの動きですが，この動きはマグヌス効果で説明できます。野球やサッカーでボールが曲がる現象もマグヌス効果です。

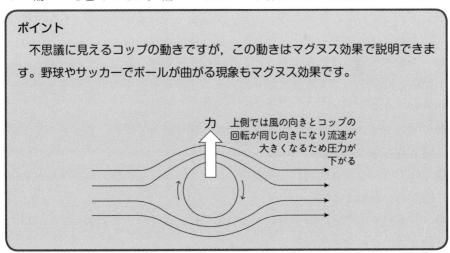

力　上側では風の向きとコップの回転が同じ向きになり流速が大きくなるため圧力が下がる

〈参考文献〉
・ガリレオ工房編著『小学生の夏休み自由研究ブック』永岡書店，pp.124-126（2016）

03 | 風に向かって進む車

【風とゴムの力の働き】

　風で動く車をつくりましょう。風車を使って風の力をタイヤに伝えます。プーリーを使うことで，風の力を車輪に伝えることができます。風に向かって進む車をつくってみましょう。

■ 準備の手順

材料・用具　プラダン（12cm ×20cm），タイヤ，軸３本（金属の棒），工作用紙，ストロー，ビーズ，虫ゴム（軸と同じ太さの細いゴム管），ゴム，プーリー（大・小），薄いプラスチック板（クリアファイルなど），両面テープ
---

❶　プラダンを切り取って車体をつくる。切り取った部分は車軸の補強に使用するため，切り取った横の部分に両面テープで貼る。

❷　プラダンの前後に軸を通し，タイヤを取りつける。切り取った部分につける軸には，大きいプーリーを軸の真ん中に取りつける。

❸　羽根の取りつけ台をつくる。工作用紙を三角形に折り，その一方を切り開き，両面テープで車体に取りつける。工作用紙の上の方に穴をあけ，ストローをさす。

❹　薄いプラスチック板を正方形に切り，切り込みを入れ，風車をつくる要領で羽根をつくる。

❺　ストローに小さいプーリーがついた軸をさし，この軸に羽根を取りつけ，虫ゴムでとめる。

❻　ストローとの間に摩擦ができないように，ストローと羽根・プーリーの間には，ビーズを入れる。

❼　２つのプーリーの間にゴムを取りつける。これで完成。

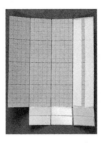

❶の車体の補強と❷のタイヤの取りつけ　❸羽根の取りつけ台づくり

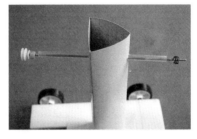

❹羽根づくりは風車の要領で　❺プーリーと❻ビーズを軸にさす
（羽根は取りつけていない）

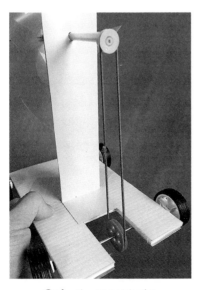

❼プーリーにかけたゴム　完成品

15

■ あそび方

うちわであおいだり，扇風機で風を送ったりすると車は，風に向かって進み始めます。逆に進む場合には，プーリーをつなぐゴムのかけ方を変えるとよいでしょう。

風に向かって動くようになったら，羽根の大きさや材質などを変えて，より速く風に向かって進む車をつくってみましょう。

うちわであおぐ

T　この車に向かって扇風機で風を送ってごらん。

C　不思議。車が風に向かって進んでくる。

C　どうして，風の方に進むことができるのかな？

T　羽根の回転をプーリーでタイヤの回転に変えています。ここで，このゴムのかけ方を逆にするとどうなるかな？

C　今度は，さっきと逆に進み始めた。

T　皆さんも工夫して自分の車をつくってみましょう。

ポイント

羽根をいろいろ変えてみましょう。羽根の大きさと重さ，強度など考える条件は多いです。自分たちが使っている材料で最もよく進む車をつくってみましょう。

風に向かって進む理由は，プーリーの間のゴムの向きです。羽根の回転を，プーリーを使って車を進める運動に変えています。

風に向かって進むものの例として，ヨットがあります。ヨットは帆を翼の形にすることで風を受け，翼の形によって前向きに力が働き，風に向かって進んでいきます。

04 紙コップカメラ

　レンズは光を集めるだけではなく，レンズを通った光でスクリーンに像を映すことができます。紙コップとレンズを使い，光を集め，プラスチックコップのスクリーンに像を映してみましょう。

▎準備の手順

> **材料・用具**　90mL・150mL の紙コップ1個ずつ，円切りカッター，接着剤，不透明プラスチックコップ（210mL），黒紙（扇形に切り取る），レンズ（焦点距離3cm 程度：シートレンズ（フレネルレンズ）は比較的安価に入手可能）

❶　90mL 紙コップの底に，円切りカッターを使って半径20mm 程度の穴をあける。

❷　あけた穴の縁に5mm 程度の幅で接着剤をつけ，レンズを貼りつける。

❸　150mL 紙コップの底を切り抜く。

❹　黒紙を，紙コップの内側に合うサイズで扇型に切り取る。

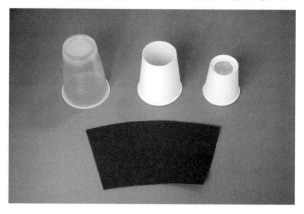

組み立てる前の準備

❺　90mL 紙コップの口の部分に，150mL 紙コップの底をはめ込む。

❻　黒紙を❺で組み立てた紙コップの内側に入れる。

❼　不透明プラスチックコップを，❻で組み立てた紙コップの内側に入れる。

組み立てた紙コップカメラ

　プラスチックコップの内側を覗くと，底面に外の風景が映ります。像がぼやけるときには，ピントを合わせます。

　一方の手で本体になる紙コップを持ち，もう一方の手でプラスチックコップを持ち，数ミリ手前に引くか，紙コップ側に押して，ピントを合わせることができます。

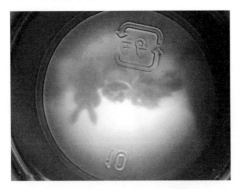

紙コップカメラを覗いた様子

カメラで見ている植物

　スクリーンに植物の像が逆さに映っていることがわかります。

■ あそび方

T　プラスチックコップの内側を覗いてみよう。

C　底に何か映っている。

T　どんなふうに見える？

C　逆さに見える。

T　近くの友達やその風景も見てみよう。

C　道路を見ると車が動いて見える。ビデオみたい。

コップを持って覗く

ポイント

　レンズつきの紙コップの代わりに，アルミ箔を貼り，針で小さな穴をあけたコップをつけるとピンホールカメラになります。ピンホールカメラとして使うときには，黒紙や手でプラスチックコップをすべて覆います。外から入る光をできるだけ少なくすると，うっすら像が映ることがわかります。

　レンズを使った器具では，太陽を直接見てはいけません。

〈参考文献〉

・月僧秀弥「カメラの原理を体験しよう」『RikaTan2018　8月号』文理，pp.58-59（2018）

05 空き缶で凹面鏡づくり

【光と音の性質】

　鏡をつくってみましょう。鏡は，金属を磨くとつくることができます。空き缶の底を磨いて凹面鏡をつくり，光が反射する様子を観察したり，太陽の光を集めて火をつけたりしてみましょう。

▍準備の手順

> 材料・用具　底面が凹型のアルミ缶，液体の金属磨き（ピカールなど），フェルト，マッチ（頭をマジックで黒く塗る），細長く切った黒い紙

❶　フェルトに液体の金属磨きをつけ，空き缶の裏面を磨く。

❷　しばらく磨いていると，底面が鏡のようになる。何度か金属磨きをつけて磨き，鏡のようになったら，最後にフェルトできれいにふく。

❸　凹面鏡に指を近づけてみると，映っていた指が突然大きく映る。

❹　凹面鏡を太陽に向ける。頭を黒く塗ったマッチを，凹面鏡の中央の少し上で光が集まる部分に置くと火がつく。

磨く前と磨いた後の缶の表面

空き缶に指を近づける

■ あそび方

　凹面鏡は，光を集める性質があります。そのため，凸レンズと同じように光を集める実験ができます。マッチだけでなく線香や細長く切った黒い紙にも火をつけることができます。太陽の光を集める以外の実験は直射日光のない室内で行いましょう。

マッチの火をつける

T　この空き缶凹面鏡を使って光を集めてみよう。

C　どの場所に光が集まっているかわかりにくいね。なかなか火がつかない。

T　凹面鏡の真ん中の部分の缶より少し上の部分だよ。マッチに光がたくさん集まる場所を探してみよう。

C　ここかな。たくさん光が集まっている気がする。

C　火がついた。すごい。本当に火がつくんだ。

T　オリンピックの聖火も，凹面鏡を使って光を集めて着火しているんだよ。

ポイント

　マッチの火をつけるには，凹面鏡の焦点に置く必要があります。焦点は，指を近づけたときに，像の見え方が急に変わる場所の近くです。

　凹面鏡が使われている身近な例として，懐中電灯の反射面があります。

〈参考文献〉
・たんちょう先生のじっけん教室　http://cs.kus.hokkyodai.ac.jp/tancyou/vol.41/oumen.htm

理科3年

06 鏡を使わない万華鏡

【光と音の性質】

　ビー玉を使い，周りの風景を見るタイプの万華鏡をつくります。この万華鏡では鏡を使いません。透明なシートで光を反射します。このように周りの風景を映す万華鏡は「テレイドスコープ」と言われます。

▋ 準備の手順

> **材料・用具**　OHPシート，両面テープ，丸棒（太さ26mm：塩ビ管やラップフィルムの芯），透明な大きいビー玉（φ25mm程度），透明ビニルホース（φ25mm：幅1cm），カラービニルテープ（またはマスキングテープ）

❶　OHPシートの端に両面テープを貼る。

❷　丸棒を芯にしてOHPシートを巻いて両面テープでとめ，筒状にする。

❸　筒にビー玉を入れ，周りに両面テープを貼った透明ビニルホースを筒の両端にはめ込む。

　これで，ビー玉が飛び出ないようになります。

❹　筒にカラービニルテープやマスキングテープを巻き，装飾する。

塩ビ管にOHPシートを巻く

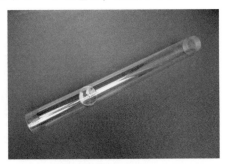

両端にビニルホースを入れる

■ あそび方

　筒をゆっくりと傾けてビー玉を転がしながらビー玉に映る模様を楽しんでみましょう。ビー玉には外の風景が映ります。また，筒の周りに巻いたビニルテープによって色づいた部分も見えます。球を動かすと像の大きさやビニルテープの線が螺旋のように見えてすごくきれいです。

　筒を軽くつぶすとビー玉を途中でとめることもできます。

完成品

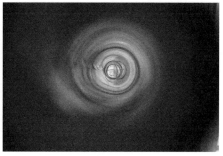

筒の内側の様子

T　筒を覗いてみると何が見える？

C　先生が逆立ちしている。ビー玉に先生が映っているんだ。

T　今度は筒の中のビー玉を転がしてごらん。

C　びっくりした。ビー玉が近づいてきてすごい迫力！

> **ポイント**
> 　メガネをしていると危ないので，メガネを外したり，メガネの側のビニルホースを少し長めにしたりした方がいいようです。

　この万華鏡は，ビー玉がレンズの働きをします。透明な筒が鏡の働きをします。透明ですが，入射角が大きいため透明な筒の表面で全反射が起きます。

〈参考文献〉
・小林朝美「鏡を使わない万華鏡－ビー玉螺旋筒を作ろう－」『青少年のための科学の祭典2007全国大会実験解説集』日本科学技術振興財団・科学技術館，p.92（2007）

07 | ストロー笛

【光と音の性質】

　ちょっとした工作で，簡単にストローが笛になります。長さや太さの違う
ストロー笛をつくり，音の違いを比べてみましょう。

▌準備の手順

> 材料・用具　ストロー，ハサミ，薄いプラスチックの板（お弁当のバランなど），
> セロハンテープ

【ストローの先を切ってつくるストロー笛】

❶　ストローの先をつぶし，ハサミで三角形になるように切り落とす。この
とき，先を少し切り落とし台形型にしておくと口の中に刺さらない。この
部分が弁になり，震える部分になる。

❷　弁の根元の部分を爪でこすり，弁同士の間隔が1〜3mmになるよう
にする。これで完成。

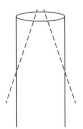

ストローをつぶしハサミで切る

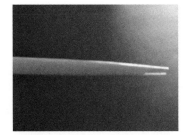

弁の間隔が少し狭くなるようにつぶす

【弁をつけたストロー笛】

　先を切ったストローで音が出にくい子どもがいるときには，ストローの先
に弁（震える部分）をつけたストロー笛をつくります。斜めに切ったストロ
ーの先に薄いプラスチックの板をセロハンテープで貼ります。

弁の形も工夫するといい。この３つはどれも音ができる

■ あそび方

　弁を口にくわえ，ストローを強めに吹くと音ができます。このとき，弁が震えます。弁の部分と逆の部分をくわえた場合には，強めに息を吸うと音が出ます。こうすると，弁の震えを見ることができます。

　最初はうまく音が出せない子も多いです。ストローの先をもう一度擦る，ストローを軽くつぶす，くわえる位置を変えるなど工夫してみましょう。

T　ストロー笛で音を出すことができるかな。（C　ブー）

T　音が出たら舌で弁をさわってみよう。

C　舌の先が痛い。舌がこそばゆい。

T　そうだね。舌が痛いくらい弁が震えているのがわかるね。このストローの場合には，弁の先が１秒間に数百回震えているんだよ。

> **ポイント**
> 　ストローが長いときや太いときは，低い音，ストローの長さが短いときは高い音になります。いろいろなストロー笛をつくって音を出してみましょう。

　大きな音が出ます。友達の耳元などで音を出さないようにしましょう。

〈参考文献〉
・落合道夫「ストローでつくる笛」左巻健男編著『おもしろ実験・ものづくり事典』東京書籍，pp.129-131（2002）

08 ダンシングスネーク

【光と音の性質】

音が出ている物体をさわってみると，その物体が振動していることを感じることができます。ダンシングスネークは，声でモールのヘビを動かします。声の大きさや高さを変えたときのヘビの動きを調べてみましょう。

▌準備の手順

材料・用具　紙コップ（150mL か210mL），モール（長さ15cm 程度），Ａ5サイズの紙，カッターナイフ

---

❶　カッターナイフで，紙コップの側面中央に×の形に切り込み（大きさは5cm 程度）を入れる。

❷　×の切り込みの部分は軽く中に折っておく。

❸　モールを巻く。最後までモールを巻いたら，巻き始めの部分を少し押し上げる。すると，モールがヘビになる。

❹　Ａ5サイズに切った紙を筒状に巻く。筒は，紙コップにあけた穴にさすことができる太さに巻く。

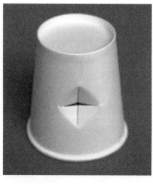

紙コップに切り込みを入れる

モールのヘビを紙コップの底に乗せて使う

■ あそび方

　紙コップの底面が上になるように持ち，底面にモールでつくったヘビを置きます。手の平の上に紙コップを置き，できるだけ音が漏れないようにします。

　筒に口を近づけて大きな声で叫び続けると，ヘビが回転します。声で紙コップの底が振動し，それがヘビに伝わり回転します。声の大きさや高さを変えて，ヘ

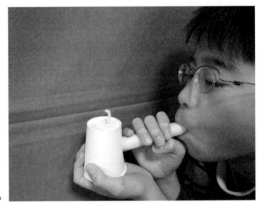

底面が上になるように持つ

ビの回転する様子が変わることを観察します。

T　　モールを早く回転させるには，どうしたらいいと思う？

C1　大きな声を出すといいと思う。

C2　高い声の方がいいと思う。

T　　どっちだろう。やってみて結果を教えて。

C　　高い音の方が速い！

T　　高い音と低い音。何が違うか調べてみよう。

ポイント

　モールの巻き方により，あまり回転しないときがあります。そのような場合，頭と尾が逆になるようにモールのヘビを巻き直してみましょう。

〈参考文献〉

・原田正治「君の歌に合わせておどるモールのへび」左巻健男編著『おもしろ実験・ものづくり事典』東京書籍，pp.154-155（2002）

09 タピオカクント管

【光と音の性質】

音が出ている物体をさわってみると，その物体が振動していることを感じることができます。ストローの中に入れた小球が空気の振動に合わせて震える様子を見てみましょう。

■ 準備の手順

> 材料・用具　透明のタピオカストロー２本（太さ15mm），両面テープ（幅10mm），セロハンテープ，目の細かいネット，ビニルテープ，発泡ポリスチレンビーズ（直径１〜２mm程度），弾性シーラントバックアップ材（直径15mm，長さ20mm）

❶　２本のタピオカストローをセロハンテープでつなぎ，長いパイプにする。

❷　パイプの片側の口の部分の外側に両面テープを貼り，上からネットを貼りつける。さらに，ネットが外れないようにビニルテープで補強する。

口にネットを貼る

❸　パイプの中に，１本のストローの半分より少なめに発泡ポリスチレンビーズを入れる。こぼさないように注意して入れる。

❹　両面テープを周りに貼った弾性シーラントバックアップ材を指でつぶして，ネットを貼った方とは逆のタピオカストローの口に詰めてストローの口を閉じる。

発泡ポリスチレンビーズは
入れすぎないように

■ あそび方

　パイプのネットの方から，できるだけ声が漏れないように手で押さえながら大きな声で叫びます。するとパイプの中に波形を観察することができます。
　このとき重要なことは，声の大きさと高さです。いろいろな声を出してみて，ビーズがよく動く声を探してください。

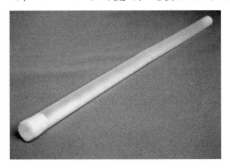

タピオカクント管

実験装置を使う

T　できるだけ音が漏れないように声を出してみよう。(C　あー)

T　球が動くのは見えたかな。

C　先生，見えません。

T　そう，自分では見えないんだよ。声を出して，友達に見せてあげよう。

> **ポイント**
>
> 　この実験は，ドイツのクントによって考案されたクント管を改良したものです。クントは，音速の測定を目的にこの形の装置を考案しました。この実験で見られる波には2種類あります。管全体に見られる大きな波とビーズが小刻みに震えるさざ波です。クントはこのうちの大きな波を利用して音速を測定しました。さざ波ができる理由は現在研究中です。

　他の人の耳元で大きな声を出さないようにしましょう。

〈参考文献〉
・月僧秀弥「音を見よう―クントの実験―」『RikaTan2008　7月号』星の環会，p.64（2008）

10 あいうえおコップ

【光と音の性質】

「あいうえお」と聞こえるのは，どのような仕組みでしょうか。□の模型
をつくって秘密を探ってみましょう。

■ 準備の手順

> **材料・用具** スチロールボード，プラスチックコップ（270mL，210mL），接着
> 剤またはホットボンド，炭酸用ペットボトル（1.5L），ストロー，厚紙，マジ
> ック

❶ スチロールボードに，プラス
チックコップが入る大きさの穴
をあける。

❷ プラスチックコップの底面に
ストローが入るサイズの穴をあ
け，接着剤などで抜けないよう
にとめる。

❸ スチロールボードにコップを
取りつけ，接着する。それぞれ
のコップの周りに顔の絵を描く。

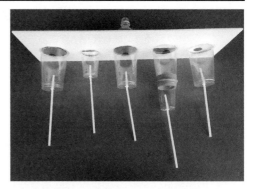

スチロールボードを真上から見た
コップの様子（左からあいうえお）

1つ目：大きいコップ。

2つ目：小さいコップ。上下に厚紙を貼り，唇をつくる。

3つ目：大きいコップ。ペットボトルを短く切り，取りつける。

4つ目：大きいコップの底を切り，小さいコップをはめる。上半分に厚紙を
　　　　貼り，唇をつくる。

5つ目：大きいコップ。小さく穴をあけた厚紙を貼る。

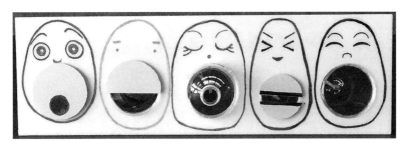

コップを取りつけて顔の絵を描く（右からあいうえお）

■ あそび方

　指を水でぬらしてストローを擦ります。1番目から順番に擦るとコップから「あいうえお」としゃべっているように聞こえます。よく聞こえるようにするコツは，実験の前に子どもたちに口の形を真似させることです。

T　この子たちが今からしゃべるよ。なんてしゃべるか考えてみよう。

T　この口の形を真似してみよう。

C　（先生が一つずつ指さすと，子どもが）「あ」「い」「う」「え」「お」

T　なんてしゃべるかな？

C　あいうえお！

> **ポイント**
> 　「あいうえお」は口の形で決まります。実際には口の形だけではなく，口腔の大きさ，舌などを上手に使いながら声を出します。どうしたらより「あいうえお」と聞こえるか工夫してみましょう。

　音楽などで大きな口を開けてというのは，口の形で音が決まるからだよ，と伝えると子どもにもわかりやすいようです。

〈参考文献〉
・岐阜物理サークル編著「『アイウエオ』としゃべるおもちゃ」『のらねこ先生の科学でいこう！』日本評論社，p.11（2005）

11 アルミパイプの楽器

【光と音の性質】

　最も簡単に演奏できる楽器をつくってみましょう。演奏方法は簡単，パイプを落とすだけです。誰でも演奏できます。パイプの長さを変えると音の高さが変わります。

準備の手順

> **材料・用具**　アルミパイプ（太さ9〜10mm程度），パイプカッター

❶　アルミパイプをパイプカッターで切る。

　パイプカッターは，その製品によって使い方は違いますが，右の写真のパイプカッターは，必要な長さでハンドルを回してカッターの刃を少し金属に入れ，金属パイプを回す，という作業を繰り返すだけです。

パイプカッターで切る

❷　必要な音階のパイプを数え，パイプを切っていく。

　低いドの音のパイプを20.0cmにしたときのパイプの長さは表の通りです（（　）内は長さの比）。これらの音階は絶対音階ではなく，相対音階です。太さが決まっているアルミパイプの場合，長さが短いほど音の高さは高くなります。

ド	20.0cm	(1.00)
レ	18.8cm	(0.94)
ミ	17.8cm	(0.89)
ファ	17.4cm	(0.87)
ソ	16.4cm	(0.82)
ラ	15.4cm	(0.77)
シ	14.6cm	(0.73)
ド	14.2cm	(0.71)

▌あそび方

　最初は長いパイプから順番に落としてみましょう。音の高さが段々高くなることがわかります。1曲分を準備し，並べておくと落とすだけで簡単に演奏することができます。

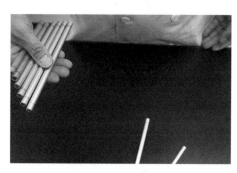

パイプを落として演奏しよう

T　これらのパイプを一緒に落とすよ。どんな音がすると思う？

C　きっとうるさい音。

　教師が落とすと，「ガチャン」（落とす音）と聞こえる。

T　そうだね。それじゃあ，今度は長い方から順番に落としてみよう。

　教師が落とすと，「ドレミファソ…」（落とす音）が聞こえる。

C　ドレミに聞こえた。

T　長い方から落とすとドレミになるんだね。

ポイント

　曲を演奏するときには，曲のテンポも重要です。「キラキラ星」のようにゆっくりした曲が聞きやすいです（右の写真）。音の数や曲の速さを考えて1曲分のアルミパイプをつくってみましょう。

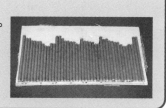

　筆者は長さと音の高さの関係を説明するときに，長いと重いからゆっくり振動する，短いと軽いから早く振動すると話しています。重い物がゆっくり動き，軽い物が素早く動くという説明は，子どもたちにも比較的理解しやすいようです。

〈参考文献〉
・飯田洋治「投げてこすってドレミファン」愛知・岐阜・三重物理サークル編著『いきいき物理わくわく実験2』新生出版，pp.90-91（1999）

12 骨伝導の音

【光と音の性質】

音は耳で聞きますが，耳を使わなくても音を聞くことができます。それが「骨伝導」です。耳で聞こえる音とは違う音を聞いてみましょう。

▌準備の手順

> **材料・用具** たこ糸，金属製品（おたま，スプーン，おろし金など）

❶ たこ糸を50cm程度に切る。

❷ たこ糸の真ん中あたりに，金属製品を結びつける。

大きさや形の違う金属製品をいくつか結びつけると，いろいろな音を聞くことができます。

❸ たこ糸の両端を持ち，机などにぶつけて音を聞く。

この音が耳で聞く音です。

❹ たこ糸の両端をそれぞれ左右の人差し指に巻き，耳を人差し指でふさぐ。

❺ 金属製品を机などにぶつけて音を聞く。これが骨伝導の音である。

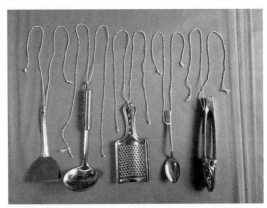

たこ糸をつけた金属製品。すべて音が違う

▌あそび方

　たこ糸にいろいろな金属製品をぶら下げてその音を聞いてみましょう。聞き比べてみるとまったく音が違います。お寺の鐘に聞こえるものがあります。イギリスのビッグ・ベンに聞こえるものもあります。どんな音に聞こえるか予想しながら音を聞いてみると楽しいと思います。

T　指にたこ糸を巻いて，耳に差し込もう。糸につるしたスプーンを椅子にぶつけてみよう。どんな音が聞こえるかな。

C　鐘の音。お寺の鐘に聞こえる。

T　今度は，耳につけないで音を聞いてみて。

C　小さい音。耳につけると，鐘の音になるよ。

T　この方法だと，耳に聞こえる音以外の音を聞くことができるんだよ。

金属を椅子にぶつける

ポイント

　たこ糸を耳に当てていないときの音から，たこ糸を耳に当てている音は予想できません。また，実験している本人しかその音は聞こえません。自分は何の音に聞こえたかグループで話しながら体験すると楽しめます。

　骨伝導は，音の振動が空気を通らず，骨から直接神経に伝わり，音が聞こえる現象です。これは特別な現象ではなく，私たちも耳から聞こえる音と骨伝導の音が合わさった音を自分の声として聞いています。

　普段知っている自分の声と録音した自分の声が違うのも，骨伝導の影響です。骨伝導を利用したイヤホンなども市販されています。

〈参考文献〉
・淀井泉「あの鐘をならすのはあなた」『たのしい授業11月号』仮説社，pp.38-41（2013）

13 ぺたぺたペンギン

【磁石の性質】

　マグネットシートはその表面にN極とS極が交互に並んでいます。磁石を近づけると，磁石は交互にくっついたり反発したりするのです。この性質を使って，ぺたぺた歩くペンギンをつくりましょう。

▌準備の手順

> **材料・用具**　紙コップ（60mLと150mL），両面テープ（5mm幅），マグネットシート，クッション両面テープ，細く切った工作用紙，両面テープ

❶　小さい紙コップに絵を描く。

❷　大きい紙コップの上の部分に両面テープを巻き，はくり紙を剥がして，小さい紙コップに差し込む。

❸　大きい紙コップを底面で切り取る。

❹　マグネットシートに1cm程度のクッション両面テープを貼る。これが足になる。少しずらして足をもう一つ貼る。

❺　細く切った工作用紙を足の間に貼りつけてマグネットシートの上で引っ張ると，ペンギンが両足をバタバタしながら歩いているように見える。

紙コップに絵を描く

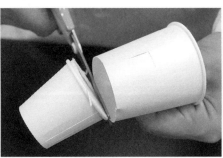
紙コップを重ね，切る

足と紙を貼りつける

■ あそび方

　つくったペンギンを歩かせてみましょう。取りつけた紙を引くと，ペンギンがぺたぺた歩きます。マグネットシートを使い，磁石のおもちゃをつくってみましょう。Ｎ極とＳ極の反発によって生じる振動を使って，面白い動きをするように工夫します。

完成品の実験

T　ペンギンを歩かせてみましょう。

C　ペンギンがぺたぺた歩いた。どうしてぺたぺたするの？

T　マグネットシートの上を横に歩かせてみよう。

C　横だとぺたぺたしない。

T　磁石の向きが大切だね。

> **ポイント**
>
> 　磁石の向きが重要です。マグネットシートの一部を切り取り，2枚のシートを重ね合わせて少しずらすと振動が感じられる向きと感じられない向きがあります。この工作では，ずらしたときに振動が感じられる向きにシートを切ります。

　マグネットシートに砂鉄をまくと，縞模様が現れます。これは，マグネットシート上にＮ極とＳ極が順番に並んでいるためです。

　実際にマグネットシートに鉄粉をまくときには，ラップフィルムを敷いたマグネットシートを使います。マグネットシートに砂鉄がつくと取れにくいためです。

縞模様が見える

〈参考文献〉

・緒方秀充さんのHP　http://skippa.sakura.ne.jp/mono/iwatobi.html

14 飛びつくネズミ

【磁石の性質】

　磁石の反発，引き合う性質を利用してネズミを動かしましょう。磁石の向きによってはネズミが逃げます。また，最初は逃げても早く磁石を近づけるとネズミが飛びつきます。磁石の向きによっては最初から飛びついてきます。

▌準備の手順

材料・用具　ネズミの台紙，ノリ，ハサミ，両面テープ，からだの紙（厚手の紙を準備する），口の紙（頭の大きさの2倍の長さ），磁石大2個（直径2cm程度），磁石小2個（直径1cm程度）

---

❶　台紙の絵を切り抜く。
❷　切り抜いた台紙に色を塗る。

ネズミの台紙・口の紙
（コピーして使ってね）

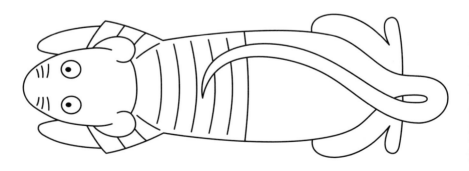

❸　ネズミの台紙に，□の紙を半分に折って貼る。はみ出した部分は切り取る。

❹　❸の台紙を厚手の紙に貼り，全体を補強する。はみ出した部分は切り取る。

❺　□の部分を開いて，磁石大を両面テープで磁石同士が反発し，□が開きっぱなしになるように貼る。

□の紙を半分に折って貼る

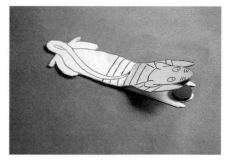

□は開きっぱなしにする

❻　磁石の向きを確認するために，小さい磁石を，ネズミの頭につける。小さい磁石をつけた方が先になるようにあらかじめ両面テープを貼った紙で包んで貼る。このようにすることでえさを近づけたときにネズミが逃げる。

❼　❻でつくったものがえさになる。えさに絵を描く。

えさの磁石をつける

えさをつくる

▌ あそび方

　完成したネズミを机の上に置き，えさの磁石を正面から近づけると後ろに下がります。そして壁にぶつかってもさらにえさを近づけると，えさに飛びかかってきます。

T　ネズミにえさを近づけてみよう。

C　ネズミがえさから逃げるよ。警戒しているのかな。

T　今度はえさを素早く近づけてみて。

C　えさを食べた。

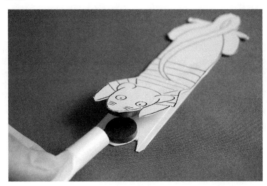

ネズミにえさを近づけている

> **ポイント**
> 　磁石の反発を利用しています。同じ極を近づけると反発して逃げていきます。でも素早く近づけると，磁石の後ろは反対の極なので，磁石に向かって引きよせられ，えさを食べるのです。

　磁石小にえさではなくネコの手を描けば，まさに「窮鼠猫をかむ」です。

〈参考文献〉
・淺井武二「『飛びつくワニさん』をつくろう」『青少年のための科学の祭典2008全国大会実験解説集』公益財団法人日本科学技術振興財団・科学技術館，p.8（2008）
※ネズミの台紙は，早武真理子氏（科学技術館）が作成したものを了解を得て掲載しました。

15 バラバラ磁石

　磁石をどんどん小さくしてみても，磁石なのでしょうか。フェライト磁石をハンマーで砕きます。小さくすると磁力は弱くなります。でも，どんなに砕いても磁石です。

　本当にそうなるかバラバラ磁石で実験してみましょう。

▌ 準備の手順

> 材料・用具　フェライト磁石またはネオジム磁石（砕く用とプラスチック容器の底につける用），ポリ袋，プラスチック容器（フィルムケースなど），ハンマー，金床，クリップなど

❶　フェライト磁石をポリ袋に入れ，金床に置く。その上からハンマーで砕く。1つのかけらは5mm以下にする。

磁石をポリ袋に入れて，金床の上で砕く

❷　砕いたフェライト磁石は，プラスチック容器に入れておく。

▎あそび方

　砕いた小さいフェライト磁石をクリップに近づけてみましょう。どんなに小さく砕いてもクリップは磁石につきます。小さく砕いても，磁石は磁石であることがわかります。

　砕いた磁石を入れたプラスチック容器でクリップをくっつけてみましょう。容器にクリップはほとんどつきません。たくさん集まっても強い磁石になっていないことがわかります。

砕いていない磁石　　　砕いた磁石

　そこで，砕いた磁石を入れたプラスチック容器の底に，フェライト磁石（またはネオジム磁石）をつけて数回振ります。底につけた磁石を外してから，クリップをくっつけます。

向きがバラバラ　　　　方向を揃える

すると，多くのクリップがつきます。強い磁石になっていることがわかります。

　プラスチック容器の底に，フェライト磁石をつけて振る際は，できるだけ多くの回数振った方が強い磁石になります。

T　砕いた磁石を入れたケースをクリップにつけるとどうなるかな？

C　あれ？　くっつかない。

C　たくさん集まっても磁石は強くならないの？

T　磁石につけて振ってから，もう一度クリップにつけるよ。

C　今度はクリップがたくさんくっついた。磁石になった。

T　何が起きているのだろう。考えてみよう。

> **ポイント**
>
> 　砕いた磁石を集めただけでは，強い磁石になりません。磁石の向きがバラバラなのです。容器に強い磁石をつけて振ると，小さい磁石の方向が揃って強い磁石になるのです。

　鉄はなぜ磁石につくのでしょうか。

　子どもからよく出る質問です。バラバラ磁石がクリップをつけないことから，鉄が磁石につく理由を考えることができます。鉄は小さい磁石が集まったものと考えてみましょう。

　普段は，鉄の中の磁石はバラバラになっていますが，磁石が近づくと鉄の中の小さい磁石の方向が揃うので，鉄は磁石に変わります。そのため，一度磁石に変わった鉄は磁石として働き，他の鉄をくっつけるようになるのです。

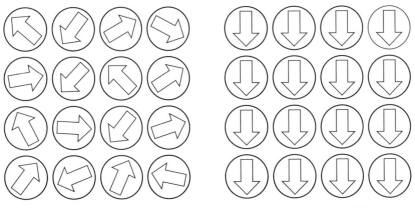

原子の磁石はバラバラの向き
→弱い磁石

原子の磁石の向きが同じ
→強い磁石

〈参考文献〉
・斎藤吉彦「サイエンスショー『だれもしらない磁石のひみつ』の実施について」『大阪市立科学館研究報告』17，pp.121-124（2007）

16 ペットボトル空気砲

【空気と水の性質】

　空気砲は子どもたちに大人気です。段ボールに穴をあけてつくることができます。ここでは，ペットボトルを使い，1人が1つ使える空気砲をつくりましょう。

▌準備の手順

> **材料・用具**　ペットボトル（300mL または500mL），風船（11インチ以上の30cm程度に膨らむ丸形風船），ビニルテープ，ハサミ，ペットボトル用のハサミ，カッター

❶　ペットボトルを口の部分から10~15cm のところで切る。

　ペットボトルを切るときは，カッターで切れ目を入れた後，ハサミを下から入れるとまっすぐ切ることができます。

❷　風船を半分に切る。風船の口のある方も，口のない方も両方使える。口のある方を使う場合には，口の部分は結んでおく。

❸　ペットボトルの切った部分に風船をつけ，空気が漏れないようにビニルテープでしっかりとめる。

ペットボトルを切る

ペットボトル空気砲

■ あそび方

　ペットボトルの部分を一方の手で持ち，もう一方で風船の部分を引き，その手を離します。すると，ペットボトルの口の部分から空気が飛び出します。

　的を置いて倒したり，ロウソクを置いて火を消したりしましょう。

的をねらう

T　空気砲を見たことはある？

C　テレビで見たことがある。

T　ペットボトルと風船を使って簡単に空気砲がつくれるよ。

C　風船を引っ張って手を離すと，空気が出てくる。

T　線香の煙を入れると空気の様子が見えるよ。

C　ドーナツ型の煙が出てくる。

　ドーナツ型の空気の流れは，「渦輪_{うずわ}」と呼ばれます。よく観察するととても不思議な動きをしています。人に向かって打つのはやめましょう。

> **ポイント**
>
> 　段ボール箱に穴をあけたり，丸形のゴミ箱の底を抜いたりすることで，いろいろな形や大きさの空気砲をつくることができます。

〈参考文献〉

・米村傳次郎「空気砲で遊ぼう―流れと渦の不思議―」『おもしろ理科実験集』シーエムシー，pp.101-103
　（1996）

17 ｜ ペットボトル風船

【空気と水の性質】

　ペットボトルの□に風船をつけ，風船を中に入れます。ペットボトルの中で風船を膨らませてみましょう。一生懸命に風船を膨らませようとしても，風船は膨らみません。

　どうすると風船を膨らませることができるでしょうか。

▌ 準備の手順

材料・用具　ペットボトル，千枚通し，セロハンテープ，風船

❶　ペットボトルの下の見えにくい部分に千枚通しで穴をあける。

❷　その穴を短いセロハンテープを貼ってふさぐ。このときにできるだけ短いセロハンテープを貼り，穴があることを気づかせないようにする。

❸　ペットボトルの中に風船の本体が入るようにして，ペットボトルの□に風船をつける。ペットボトルの□は風船の□より大きいため，風船を伸ばしながらペットボトルの□につける。

ペットボトルにあけた穴と風船を取りつける様子

▌あそび方

　できあがったら，ペットボトルの中の風船を膨らませてみましょう。どうしてペットボトルの中の風船が膨らまないか，子どもたちに考えさせながら実験できるとよいでしょう。空気の存在に気づくと，穴があいていることに気づく子どもも出てくると思います。

T　このペットボトルの中の風船を膨らませることができるかな？

C　そんなの簡単だよ。

C　（実験する）全然膨らまない（;∀;）

T　先生がやってみるよ（風船を膨らませる）。

風船を膨らませる

C　なんで？？

T　ペットボトルの中には空気があるね。だから，普通にペットボトルの中に風船を膨らませることはとても難しいんだ。どうしたらいいと思う。

C　あっ，ペットボトルに穴があいている。セロハンテープをとればいいんだ。

ポイント

　ペットボトルの口につけられた風船は，一見簡単に膨らませることができそうですが，どんなに頑張っても膨らみません。空気が存在しているからです。空気入れなどで無理に空気を入れようとすると，風船は破裂します。この実験を通して，子どもたちは目には見えない空気の存在を感じます。

　風船が膨らんだ後に，ペットボトルの穴をふさぐと，風船の口を閉じなくても風船の空気は抜けません。膨らんだ風船を内側から見ると，子どもたちは不思議に感じるようです。

18 ストローロケット

　ストローで息を吹いてストローや綿棒でつくったロケットをつくって飛ばしましょう。どうするとよく飛ぶでしょうか。ストローの太さや長さを変えて，よく飛ぶストローロケットをつくってみましょう。

■ 準備の手順

材料・用具

ストローロケット…太さの違うストロー（5mm，6mm），BB弾

綿棒ロケット…ストロー（6mm程度），綿棒

　ストローを発射台にする2種類のロケットを紹介します。

【ストローロケット】

　ストローロケットは，6mmほどの太さのストローを適当な長さに切り，先端にBB弾をはめ込んでつくります。これがロケットになり飛んでいきます。BB弾がない場合には，ストローの先を折って先を塞いでもよいでしょう。

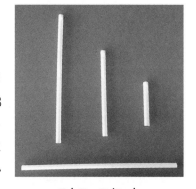

ストローロケット

　4〜5mmの太さのストローに差し込んで息を吹き込むと，先に取りつけたストローロケットが飛んでいきます。

【綿棒ロケット】

　綿棒ロケットは，曲がるストローに先を水でぬらした綿棒を差し込んでつくります。ストローをくわえてストローを吹くと，綿棒がロケットのように飛び出します。

ストローロケット

用意するもの
・太さのちがうストローを1本ずつ.
・ロケットのかざりにする紙.

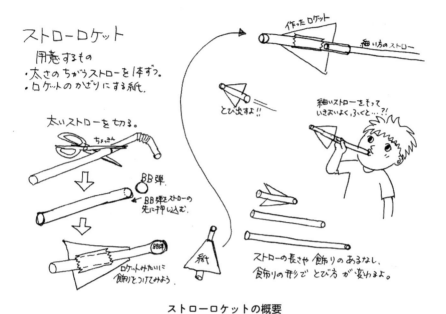

太いストローを切る。

ちょきん

BB弾.
BB弾をストローの先に押し込む.

ロケットみたいに飾りをつけてみよう

紙

作ったロケット

細い方のストロー

とび出すよ!!

細いストローをもっていきおいよく、ふくと…?!

ストローの長さや飾りのあるなし、飾りの形で とび方 が 変わるよ。

ストローロケットの概要

用意するもの
・めんぼう
・めんぼうの頭の大きさにある太さのストロー。
　（曲がるストローがgood）

めんぼうの頭に水をつける。

たっぷりつける。

水

ストローにぬらした方からめんぼうを入れる。

ぬらした方

かみこみ防止に曲がるストローがいいよ。

ストローを強くふくと、めんぼうがいきおいよく飛び出すよ!!

半紙

10
50
100

100

50

10

マトを作ってねらってみよう!!

綿棒ロケットの概要

■ あそび方

　ストローで的当てをしてみましょう。実験して
みると，きっと想像していたより速くロケットが
飛び出したり，遠くまで飛んだりすることがわか
ります。

T　ストローでロケットを飛ばしてみよう。どち
　　らのロケットが遠くまで飛ばすことができるか
　　な。

T　短いロケットかな？　長いロケットかな？

C　小さい方が遠くまで飛びそう。

新聞紙の的をねらう

T　いくよ。（ロケットを飛ばす）どちらのロケットが遠くまで飛んだかな。

C　長いロケット！

T　皆さんもロケットの長さや発射台の長さをいろいろ変えて，ロケットを
　　つくって飛ばしてみよう。そして，どうするとロケットは遠くまで飛ぶの
　　か，調べてみよう。

> **ポイント**
> 　ストローロケットを人に向けると危険です。決して人をねらってはいけませ
> ん。目などに当たると大変危険です。

　ストローでロケットを飛ばすポイントは，空気の圧縮と力積です。

　ストローの中の空気を圧縮した方が，ロケットはよく飛びます。そのため
綿棒の先をぬらすと空気が漏れなくなりよく飛ぶようになります。

　力積は，力と時間の積です。発射台となるストローの長さを長くしてロケ
ットにエネルギーを与える時間を長くしてもよく飛ぶロケットになります。

〈参考文献〉
・海老崎功「考え，つくり，試す実験教室」『物理教育』第54巻第1号（2006）
・松村浩一「ストローロケットをつくろう」『ガリレオ工房の科学あそびエコ CO_2 編』実教出版，pp.126-
　127（2012）

19 | 空気の重さ体感

【空気と水の性質】

　周りには空気がたくさんあるため，空気の中で空気の重さを量ることは，難しいです。例えば，水の中で水の重さは量れないことからも，その難しさがわかると思います。

　ここでは，空気の重さを感じる実験をしてみましょう。

▌準備の手順

材料・用具

方法1…大型風船（1m程度に膨らむ風船）2つ，ブロア

方法2…風船（30cm程度に膨らむ丸形風船），水風船，風船用のポンプ，バドミントンのラケット

　空気の重さを調べる実験は難しい実験です。中学校の授業では，ボールやスプレー缶の中に閉じ込めて行うこともあります。もっと簡単に重さを感じることができるのが今回の2つの方法です。

【方法1】

❶　ブロアを使って大型風船を膨らませ，口を閉じておく。

❷　椅子の背もたれの部分が手前になるように置く。

❸　椅子に膨らませていない風船をぶつける。

❹　膨らませた大型風船をぶつけ，そこでの椅子の動き方の違いを確かめる。

❺　安全に気をつけて子どもにぶつける。前からぶつけるときは，風船を押さずに，受けとめさせると風船の重さを感じることができる。

【方法2】

❶　丸形風船と水風船に空気を入れて膨らませる。

❷　2つの風船をラケットで打ち，どちらが遠くまで飛ぶかを実験する。

▎あそび方

　方法1では，軽いものに比べると重いものがぶつかったときの衝撃が大きくなるという生活体験を，空気を入れない風船と空気を入れた風船で比較しています。

方法1　風船を背中からぶつけている

　空気を入れない風船をぶつけた椅子はほとんど動きませんが，空気を入れた大型風船をぶつけた椅子は倒れてしまいます。

T　大きな風船を持ってみよう。

T　どう？　重そうに見える？

C　きっと軽いよ。

T　（風船を渡しながら）つぶれるなよ。

C　軽い。

C　すごく軽いよ。

T　空気に重さはあるかな？

C　こんなに軽いんだから重さはないよ。

T　じゃあ，ぶつかったときにもきっと衝撃はないよね。

T　ぶつけてみるよ。

　風船の直径が1mだとすると，その中の空気の重さは300g程度です。風船の重さを合わせても1kg以下です。

　でも，ぶつかったときの衝撃はそれ以上に感じるようです。

　方法2では，軽いものと重いものの，どちらが遠くまで飛ぶかを比較しています。周りに空気がたくさんあるので，一見すると小さな風船の方が遠くに飛びそうですが，やってみると大きな風船が遠くまで飛ぶことがわかります。

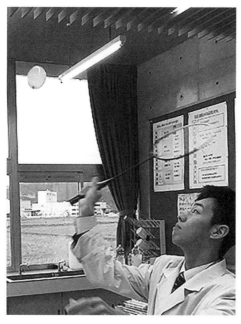

方法2　ラケットで打つ

20 | ラップ割り

　空気が押す力「大気圧」を感じる実験です。大気圧の大きさは1 kg/cm² です。普段の生活では空気にそれだけ大きな力で押されていることを感じることはありませんが，ポンプを使ってこの力を体験しましょう。

準備の手順

> **材料・用具**　プラスチック容器，ドリル，空気を抜くポンプ（A：風船用の空気入れ…おしりの部分が凹んでいるもの，B：ペットボトルをつぶすためのポンプ），穴をあけたゴム栓2個（Aの場合），丈夫なストロー（Aの場合），プラスチックパイプ，ラップフィルム（密着性が強いもの），耳栓

❶　プラスチック容器の側面にドリルで穴をあける。Bのポンプを使用する場合，この装置に合う大きさの穴をプラスチック容器にあければよい。

❷　（Aの場合のみ）プラスチック容器にあけた穴に合う大きさのゴム栓に，使用するパイプが入る大きさの穴をあけ，パイプを差し込む。

❸　❶のプラスチック容器と❷のポンプをゴム栓とプラスチックパイプでつないだら装置は完成。

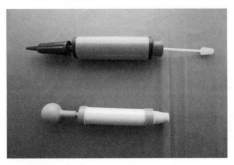

空気を抜くポンプ（上段：A，下段：B）

穴をあける

┃ あそび方

　実験は２人で協力して行います。１人は，ラップをしたプラスチック容器を持ちます。もう１人は，ポンプを持ちます。ラップフィルムと容器をしっかり持ったら，ポンプで空気を抜いていきます。

ポンプが抜けないようにしっかり持って空気を抜く

T　ポンプでこの容器の中の空気を抜いていくとどうなるでしょう。

C　ラップは凹むと思います。

T　凹んだ後はどうなりますか？

C　凹んだ後？

T　ラップフィルムは大きな音を立てて破れます。かなり大きな音が出るので，大きな音が苦手な人は耳を塞いでおいてください。

> **ポイント**
>
> 　空気を抜いていくとラップフィルムが凹む様子がわかります。容器内側の空気が抜け，容器の外の空気がラップフィルムを押したためです。さらに空気を抜いていくと，ラップフィルムは大きな音を立てて破裂します。

　ポンプによって容器中の空気が減っていくと周りの空気がラップフィルムを凹ませます。さらに空気を抜き，その圧力差に耐えられなくなると，ラップフィルムは破裂します。割れた部分を見ると，ラップフィルムが粉々になり，大きな力が働いたことを感じることができます。

21 | 簡単ホバークラフト

【空気と水の性質】

　ホバークラフトを知っていますか。空気の力で浮いて進む船です。浮いて進むため，摩擦なくスムーズに動くことがその特徴です。簡単な構造のホバークラフトをつくってみましょう。

▌準備の手順

> 材料・用具　ポリ袋，油性マジック，セロハンテープ，スチレンボード（ポリ袋より一回り小さい大きさ），ハサミ，両面テープ，発泡ポリスチレン

❶　ポリ袋の口を，セロハンテープで空気が漏れないように閉じる。

❷　ポリ袋に端から約3cm内側に線を引く。この線に沿って袋を切り，穴をあける。ポリ袋は切り取りづらいので紙を重ねて切るとよい。

ポリ袋とスチレンボード

❸　スチレンボードに端から1cm以上あけて両面テープでポリ袋を貼る。スチレンボードの周囲4方向に同じ程度ポリ袋をはみ出すように貼る。

❹　発泡ポリスチレンをスチレンボードに貼り，持ち手とする。

ポリ袋を貼る

ポリ袋に空気を入れる

▌あそび方

　ホバークラフトで遊ぶために，ポリ袋に空気を入れます。本体を持ち上げたり机の上に置いたりする動作を数回繰り返すと，空気が入ります。空気が入ったホバークラフトを軽く押すと，床を滑るように進んでいきます。下の袋にたまっている空気が少しずつ外に出るため，あたかも浮いているような動きになるのです。摩擦がとても小さくなるため，スムーズに進みます。

机の上を滑らせるようにしてホバークラフトから手を離す

T　ホバークラフトを押してみよう。

C　すごーい。止まらない。どうして？

T　袋の中にたまった空気の力で浮いて進むんだよ。

C　たくさん空気をためると遠くまで進むんだ。

T　誰のホバークラフトが一番遠くまで進むか，競争してみよう。

> **ポイント**
> 　袋にあける穴の大きさを工夫してみましょう。大きすぎると浮きにくくなります。いろいろ変えて，最もよく進むホバークラフトをつくってみましょう。

〈参考文献〉
・久芳信之「君だけのホバークラフトづくり」『青少年のための科学の祭典2007全国大会実験解説集』公益財団法人日本科学技術振興財団・科学技術館, p.42（2007）

22 全反射コップ

【空気と水の性質】

　2つのコップでつくる工作です。2つのコップの間の隙間に水が入ると，それまで見えていなかったものが見えてきます。

　これは，全反射を利用した実験です。2つのコップの間に空気が入ると，そのコップの境界面で全反射が起きます。そのため空気の内側にあるコップの絵は見ることができません。穴から空気を抜くと2つのコップの間に水が入り，下のコップの絵が見えるようになるのです。

　入射角が大きいときに見える現象であるので，水槽の上からはこの様子を見ることができますが，水槽を横から見ると両方の絵は見えたままです。

▌準備の手順

材料・用具　透明プラスチックコップ2個，千枚通し，油性マジック，水槽

❶　1つの透明プラスチックコップの底面に千枚通しで穴をあける。

❷　2つのコップに絵を描く。2つの絵は重ねて描くようにする。このとき，穴をあけた外側のコップに最初から見えている絵を，内側のコップに後から見えてほしい絵を描く。

外側のコップにだけ穴をあける

2つのコップに絵を描く

■ あそび方

　２つのコップを重ねます。外側のコップにあけた穴から空気が漏れないように指で押さえて水に入れます。子どもたちには，最初に見えている絵についてお話しします。内側のコップの絵の内容をお話しするときになったら，穴を押さえていた指を外します。すると２つのコップの間に水が入り，上下の絵が重なって見えるようになります。

水槽に入れたときの様子

T　水槽の中のコップにどんな絵が見えますか。
C　男の子の絵が見える。
T　よく見ていてください。
C　お化けが出てきた！　どうして！
T　コップを水槽から出すと，１つのコップには男の子が，もう１つのコップにはお化けが描いてありました。

ポイント
　コップの絵でお話をうまくつくることができると，より楽しめます。

　コップの穴をふさがずに水に入れても，２つの絵は見えたままになります。

〈参考文献〉
・松村浩一「いないいないばあ２」『青少年のための科学の祭典2000全国大会実験解説集』公益財団法人日本科学技術振興財団・科学技術館，p.185（2000）

23 大気圧コップ

【空気と水の性質】

　ざるで水をすくうことはできません。コップを逆さまにしても，水はこぼれてしまいます。でも，この2つを使うと水を持ち上げることができます。ここでは，水切りネットとコップを使って不思議なコップをつくりましょう。

▌ 準備の手順

> **材料・用具** 透明コップ（丈夫なプラスチック製），水切りネット，両面テープ，ハサミ，ビニルテープ，コップの口より大きい板，水槽

❶ 透明コップの口の外側に両面テープを1周巻く。

❷ 隙間ができないようにネットを張る。両面テープに沿ってネットを切る。

❸ コップの口の外側のアミの上から，ビニルテープをネットがとれないようにしっかり貼る。

ネットを張ったときの様子

逆さにしたコップ

　このコップを使うと，水をすくうことができます。また，口を下に向けて斜めにすると水はこぼれます。でも，逆さにして，そのまま垂直に持ち上げると，水を持ち上げることができます。

あそび方

どうすると水を持ち上げることができるか，実際に実験してみましょう。

T　このコップを逆さにして水を持ち上げるよ。

C　どうして水がこぼれないの？

T　水には表面張力という力が働いているからだよ。

斜めにすると水が落ちる

T　コップを斜めにしてみると。

C　水がこぼれた。どうして斜めだと水がこぼれてしまうの？

T　斜めにすると，コップの上下で大気圧が変わるからだよ。

> **ポイント**
>
> ネットの目から水がこぼれない理由は，水の表面張力と大気圧です。ネットの目はある程度大きくても落ちませんが，目が細かいほど落ちにくくなります。

網じゃくしとコップを使って同様の実験ができます。網じゃくしだけでは水を持ち上げることはできません。逆さにしたコップも同様です。でも，右のように，網じゃくしにコップを逆さにして乗せると，水を持ち上げることができます。

網じゃくしとコップで水を持ち上げる

〈参考文献〉

・山本喜一「いろいろな逆さコップ」左巻健男編著『おもしろ実験・ものづくり事典』東京書籍，pp.101-103（2002）

24 水でペットボトル持ち上げ

【空気と水の性質】

　コップに水を入れて板などでふたをしてコップを逆さにしても，ふたが落ちたり水がこぼれたりしません。空気と水の力でふたがくっつきます。

　このときの力は結構大きな力です。確かめてみましょう。

▌ 準備の手順

> **材料・用具**　コップ，下敷き（コップの口の大きさより少し大きいもの），吸盤つきフック，ひもをつけたペットボトル（500mL を数本），水槽

❶　水槽の中にコップを入れて下敷きでふたをする。水中からコップを出し，吸盤つきフックをつける。下敷きを押して，水を数滴こぼす。

❷　コップを逆さにして，下敷きが落ちないことを確かめる。

❸　ペットボトルにつけたひもをフックにかける。ゆっくり持ち上げると，ペットボトルが持ち上がる。ペットボトルの本数を増やしていく。

逆さにしてもふたは落ちない

ペットボトルをぶら下げる

■ あそび方

　コップに下敷きでふたをして逆さにして手を離してもふたが落ちないということは，知っている子どもも多いです。でも，ペットボトルがぶら下がる様子にはびっくりします。

　さらにその力の大きさを感じさせるために，ぶら下げるペットボトルの数を増やします。ちょっとした工夫で子どもたちが驚く実験になります。

ペットボトル10本に挑戦

T　水が入ったコップに下敷きを置いて，逆さにするとどうなるでしょう。

C　水は落ちない。下敷きはくっついたまま。

T　（実験）下敷きはくっつくね。ここにペットボトルをぶら下げると？

C　水がこぼれる!!

T　実験してみるよ。

　（ペットボトルが落ちない様子を見せる）

T　ペットボトルは10本あります。何本まで下げることができると思う？

> **ポイント**
>
> 　大気圧の大きさは約1kg/cm^{2}です。コップの口の面積から考えるとペットボトルを数本ぶら下げても，ふたは落ちないことがわかります。

　ペットボトルを下ろした後，水槽の上で下敷きを上から押します。ペットボトルを持ち上げられるくらい強い力でついていた下敷きですが，上から押すと簡単に外れてしまい，コップの水はこぼれます。

　大気圧が下から上に向かっても働いていることがわかります。

〈参考文献〉
・月僧秀弥「逆さコップで持ち上げる」『理科の教育』Vol.58，p.69（2009）

25 浮沈子

【空気と水の性質】

　ペットボトルを握ると中の魚は沈み，手を緩めると魚が浮くおもちゃがあります。「浮沈子」と呼ばれる科学のおもちゃです。自分で浮沈子をつくり，浮沈子の浮き沈みの決まりを探っていきましょう。

▌ 準備の手順

> **材料・用具**　醤油入れ（魚の形または絵を描いてもよい），ナット（醤油入れの口に合う大きさ），ペットボトル（ふたも必要），水槽やビーカー

❶　醤油入れのふたを外し，ナットを取りつける。

❷　水槽の中で，醤油入れの底が水面ギリギリになって浮くように，水を入れる。

❸　水をいっぱいに入れたペットボトルの中に醤油入れを入れ，ペットボトルのふたをする。

❹　最初は浮いている醤油入れが，ペットボトルをぎゅっと強く握ると沈む。ペットボトルを持つ手を緩めると，醤油入れは浮く。

❺　沈むときの醤油入れの中の水と空気を観察する。ぎゅっと握ったとき，醤油入れの中の空気の体積が小さくなることがわかる。空気の量が減ったため，醤油入れが沈んだことがわかる。

ギリギリに浮くように

ペットボトルを軽くつぶす

■ あそび方

　最初に浮沈子を見せるときに，左手もうまく使ってマジック風に見せると子どもは驚き興味をもちます。その後，自分でつくったり，仕組みを考えたりさせると，夢中で工作やグループの話し合いをします。

試験管でもできる

T　このペットボトルを見てください。中に魚が浮いていますね。この魚を沈めるために，この見えない糸を引いていきます。

　　（右手でペットボトルを握り，浮沈子が沈むのに合わせて，左手で糸を持ったふりをして少しずつ下げていく）

C　本当だ。魚が沈んでいく。

　　（1回目は，子どもはじっと見ている）

T　糸を持っていた手を離すと，魚は浮くね。

C　あれ？　おかしい？　糸なんてないよ。

T　よく観察してごらん。

C　先生がペットボトルをぎゅーっと握ったときに魚が沈む！

ポイント

　浮沈子の水の量を変えると，その沈み方も変わります。魚の尾が多めに出ていると沈みにくい浮沈子になり，強く握らないと浮沈子は沈んでくれません。また，だ円形のペットボトルを使うと，浮き沈みする浮沈子をつくることもできます。

　ペットボトルを強く握ると，中の水も空気も同じように力を受けます。押し縮められたとき，水の体積は変わりませんが，空気の体積は小さくなります。すると浮沈子の浮力が小さくなるため，浮沈子は沈みます。

〈参考文献〉
・愛知・岐阜物理サークル編著「力の原理で遊ぶ」『いきいき物理わくわく実験』新生出版，p.102（1988）
・森井清博「浮沈子で浮力を体験しよう」左巻健男・滝川洋二編著『たのしくわかる物理実験事典』東京書籍，pp.126-127（1998）

26 水が凍る瞬間を観察しよう

【空気と水の性質】

　冷凍庫で水を冷やすと，氷になります。冷凍庫の中でその様子を観察することはできませんが，氷と食塩を使うと，0℃より温度を下げることができます。水が凍る様子を目の前で観察しましょう。

▌準備の手順

材料・用具　大きめのビーカー2つ（A，B），水，氷，水が入った試験管（水は1/5程度），食塩，試験管の口から入る程度の小さい氷，−5℃以下まで計れる温度計

❶　ビーカーAには水と氷を入れ，試験管に入った水をあらかじめ冷やしておく（水温は0℃）。

❷　ビーカーBには氷と食塩を入れ，−5〜−10℃の間に保っておく。温度が下がりすぎたら水を入れ，水温を調節する。

❸　Aであらかじめ冷やしておいた水入り試験管を，Bに入れ冷やす。

❹　3分程度冷やしたら，試験管を取り出し，氷のかけらを入れる。するとそれまで凍っていなかった水が一瞬で凍る。

左（ビーカーA）：水＋氷　　右（ビーカーB）：氷＋食塩＋水

▌あそび方

　最初はきれいな水で実験してみましょう。1回の実験時間が準備を含めても10分以内のため繰り返し実験することができます。

T　試験管を取り出して小さい氷を入れてみよう。

C　すごーい。凍っていく。

　　　　氷を入れた瞬間　　　　目の前で水が凍る

T　試験管を逆さにしてごらん。

C　こぼれない。本当に凍っているんだ。

T　今度は，サイダーで実験してみよう。

ポイント

　水が0℃以下になっても凍らない状態を「過冷却」と言います。過冷却状態にある水は，ショックを与えることで一瞬で凍り始めます。

　過冷却は，蒸留水のようなきれいな水だけでできる実験と思われがちですが，実際には透明な炭酸ジュースやお茶などいろいろな液体で実験できます。

〈参考文献〉
・平松和彦「過冷却水とは何ですか？」高橋修平・渡辺興亜編著『雪と氷の疑問60』成山堂書店，pp.40-43
　(2016)

27 | 乾電池で着火

【電流の働き】

　乾電池の＋極と－極を直接接続するとショート回路になります。ショート回路では，多くの電気が流れるため電池や導線が熱くなることがあります。ショート回路で火をつけて，この危険性を確認しましょう。

▌ 準備の手順

> 材料・用具　乾電池2本，セロハンテープ，スチールウール

❶　乾電池2本をセロハンテープでくっつける。

❷　スチールウールを半分ぐらいに切る。スチールウールが細くなった部分をつくるようにして，スチールウールを伸ばす。

❸　伸ばしたスチールウールの両端を乾電池の＋極と－極につなげる。すると，スチールウールの一部が発火する。すぐにつかないときには，スチールウールをもっと細くして実験する。

　発火するとその火は全体に広がります。そのため，革手袋でスチールウールを持つか，耐火ボードの上で実験します。

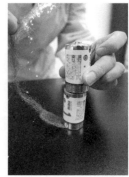

ショート回路の危険性を確認する

▌あそび方

　火がつく実験は，子どもたちも大好きです。この実験のようにマッチなど
を使わずに火がつく現象を子どもたちはわくわくしながら見ています。筆者
は授業では演示実験で行っていますが，子どもが実験することもできると思
います。革手袋などをして安全対策をしっかりして実験してみましょう。

　この方法で発火することがわかると，キャンプなどでも使える場合もあり
ます。

T　スチールウールと乾電池で火をつけることができます。

C　どうしたらいいの？

T　乾電池の＋極と－極をスチールウールでつなぐだけだよ。

C　そんなに簡単に火がつくの！

> **ポイント**
> 　スチールウールの細い部分がポイントです。細い部分は抵抗が大きくなるの
> で大きな電流が流れて発熱します。発熱した部分は空気中の酸素と反応し，炎
> が上がります。

　この実験のように電池を直列につなぐことで，直流の大きな電流の実験が
できます。もっと大きな電流を得たい場合には，角形の9V乾電池を使う方
法があります。9V乾電池を使うと，スチールウールは簡単に発火します。
9V乾電池を直列で10本接続すると90Vの電圧になるので，さらにいろいろ
な実験が可能になりますが，直流電流なので実験の際には注意が必要です。

〈参考文献〉
・米村傳次郎監修「実験でたどる電気の明かりのルーツ，アーク灯とエジソン電球」『米村傳次郎のおもしろ
　科学館』オーム社，p.56-61（2002）

28 導線1本で豆電球点灯

【電流の働き】

豆電球はソケットに取りつけて使うことが多いです。しかし，豆電球をつけるにはソケットは必要ありません。導線1本でつけることができます。

どうしたら豆電球をつけることができるのでしょうか。

準備の手順

> 材料・用具　豆電球（1.5V または2.5V の規格），導線（ミノムシクリップなどが両端についたもの），乾電池

子どもの人数分だけ「豆電球，導線（1本），乾電池」を用意します。

あそび方

このあそびは，小学校でも中学校でも電球学習の導入に使えます。筆者も中学校の理科授業で毎年行っている定番の実験ですが，子どもたちはとても悩んでくれます。個人でもグループでもとても熱心に取り組みます。

まず，子どもに「豆電球，導線（1本），乾電池」を渡します。この3つのもので豆電球をつける方法を考えさせます。

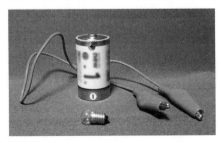

この3つで豆電球を点灯させよう

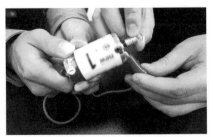

間違い例：ショート回路

最初に，ショート回路にして乾電池や導線が熱をもつと危険であることを伝えます。

T　ソケットから外した豆電球です。乾電池と導線も１本あります。この３つで，豆電球をつけてみましょう。

C　つかないでしょ。導線１本じゃ無理だよ。

T　どうしたらつけることができるか，いろいろやってみよう。

　子どもはすぐに試行錯誤し始めます。最初は，豆電球がつく様子はまったくありません。しばらくすると偶然に，一瞬だけつくグループが出てきます。一瞬ついたグループが出てくると，他のグループでもつき始めます。

C　あれ？　何でだろう。わかった。これでつけることができるんだ。

実験の様子の写真

ポイント

　豆電球は，側面の金属と底面の金属がフィラメントにつながっています。そのため，一方を電池の一方の極に，もう一方を導線を使って電池の逆の極につなぎ，回路をつくります。きちんと回路がつながれば，豆電球はつきます。

　導線を使わず，エナメル線（ポリウレタン線）を使って同様の実験を行うこともできます。エナメル線を使う場合には，さらに難しくなります。エナメル線の場合には，切断面のみに電気が流れます。そのため，切断面を金属部分につける必要があります。

29 電気が流れるもの探し

身近には，電気が流れるものや電気が流れないものがあります。それらを調べる自作検流計をつくりましょう。

▌準備の手順

> **材料・用具** タピオカストロー（10cm），白か青色の発光ダイオード，アルミテープ2枚（幅10mm，長さ18cm），工作用紙（幅12mm，長さ10cm），クリップ2個，ビニルチューブ（太さ15mm，厚さ1mm，長さ5mm），3Vボタン電池

❶ 半分の長さに切ったタピオカストローの片方に切り込みを入れて5mm幅で切り取る。

❷ アルミテープの端を5cm程度折り，貼り合わせる。貼り合わせた部分が飛び出すように，工作用紙の両面にアルミテープを貼る。

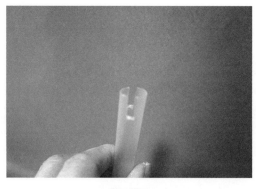

❶の様子

❷の様子

❸ 工作用紙の端にボタン電池とLEDをつけ，ビニルチューブでとめる。

❹ ❸の製作物をタピオカストローに入れ，切り込みにボタン電池を挟む。

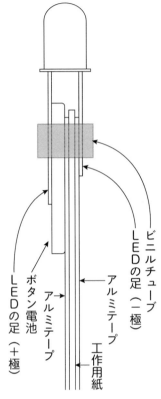

ビニルチューブ
LEDの足（－極）
アルミテープ
工作用紙

LEDの足（＋極）
ボタン電池
アルミテープ

❸ LED と電池の接続の拡大図　　この順でビニルチューブではさむ

の様子　　　　　　　　　　　❺の様子

❺　タピオカストローから飛び出したアルミテープをクリップでとめる。

▌あそび方

　身近なものを電気が流れるものと電気が流れないものに分けてみましょう。

T　電気が流れるものを探してみましょう。

C　ハサミの切るところと，コンパスは電気が流れました。

クリップの部分を電気が流れるものにつけると LED がつく

T　教室では電気が流れるものはあったかな。

C　机の脚と，窓のところは電気が流れました。

T　どんなものに電気が流れたかわかったかな。

> **ポイント**
> 　物によってはその表面に塗料が塗られていて，金属でも電気が流れない場合
> もあります。やすりなどで磨くと金属光沢が見られるものもあります。削るこ
> とができないものの場合，金属光沢のあるピカピカする部分を探して試すよう
> にアドバイスすると，より素材に注目することができるようです。

　電気が流れるものは金属と炭素です。今は，電気の流れるプラスチックも
つくられ，液晶画面を分解すると透明なプラスチックにも電気が流れること
がわかります。

※この検流計は，北陸電力エネルギー科学館「ワンダー・ラボ」の方に教えていただきました。

30 ミョウバンの大きな結晶づくり

【物の溶け方】

　ミョウバンの結晶を大きくするにはどうしたらよいのでしょうか。ミョウバンの飽和溶液が冷えるときにできるだけゆっくり冷えるように工夫します。またちょっと手をかけると結晶は大きくなります。

▌準備の手順

材料・用具　ミョウバン（硫酸アルミニウムカリウム），ミョウバンの小さな結晶（種結晶），細めの糸，割り箸，加熱器具，ビーカー（300〜500mL），発泡スチロール容器（お湯を入れておく）

---

❶　割り箸に糸をつけ，糸の先にミョウバンの小さな結晶を結びつける。

❷　ミョウバンの飽和溶液をつくる。500mL のビーカーに300mL の水を入れ，50℃以上に加熱する。ミョウバン12水和物の溶解度は，50℃では約36.4g なので，300mL の水の場合，約109g のミョウバンを溶かすことができる（10℃の溶解度は約8g）が，この差の結晶が出てくるので，あまり入れすぎない方がきれいな結晶ができる。

種結晶をつるした様子

❸　すべてのミョウバンが溶けたら，放置する。しばらくして溶液が冷えて
いくと，結晶が出てくる。結晶が出てきたら，もう一度加熱して出てきた
結晶を溶かす。

　このときに温度を上げますが，上げすぎないように注意して加熱します
（5℃以上上げない）。

❹　結晶が溶けたら，最初に準備した種結晶が，溶液の中央になるように飽
和溶液につける。

❺　発泡スチロール容器（ふたもすること）に飽和溶液と同じぐらいの温度
のお湯を入れておく。発泡スチロールをお湯につけて1日以上置いておく
と，結晶が大きくなる。

　夏などで，夜の温度があまり下がらない場合には，冷蔵庫に入れて冷やす
こともできます。

**種結晶をつけた糸を溶液につけ，
ビーカーを同じ温度のお湯の中でふたをして冷蔵庫で冷やす**

❻　次の日以降にできた結晶を観察する。

　ビーカーの底に結晶がたまっていたら，溶液が濃すぎるようです。溶液が
濃いときには少量の水を，冷やしても結晶ができない場合には溶液にミョウ
バンを加えてもう一度実験してみましょう。

❼　できた結晶を種結晶としてもう一度同じように実験すると，大きな結晶
になっていく。

■ あそび方

　筆者にとって結晶づくりは，科学部の新入
生が毎年行う恒例の実験でした。ガスバーナ
ーやてんびん，温度計など様々な器具を使う
実験で，実験技能が向上する実験だからです。
小学校でもグループで，大きな結晶を目指し
たり，透明な結晶を目指したりして結晶づく
りをすると子どもたちは夢中で実験するので
はないかと思います。

結晶の様子

T　どんな結晶ができているか見てみよう。

C　大きい結晶だ。こんなにきれいな形の結
　晶ができるんだ。すごく不思議。

T　ミョウバンの結晶の形は，ピラミッドを２つ重ねた正八面体に近い形の
　結晶ができるんだよ。

C　他にも結晶をつくれるものはあるかな。

T　結晶についていろいろ調べてみようね。

> **ポイント**
> 　ペットボトルなどにミョウバンを多めに入れて，飽和溶液を準備しておくと
> 便利です。溶液が少なくなったら，飽和溶液を入れて，溶液を増やしてから結
> 晶を溶かすと失敗が少なくなります。

　「透明できれいな形の結晶」や「きれいな形の大きな結晶」をつくること
が目標となります。そのための方法として，溶液をゆっくり冷やすことや，
小さい結晶をつくらせない工夫を紹介しました。

〈参考文献〉
・盛口襄「ミョウバン結晶づくりの原理」「ジャンボミョウバンづくり」左巻健男編著『理科おもしろ実験・
　ものづくり完全マニュアル』東京書籍，pp.46-52（1993）

31 ハンガー回し

【振り子の運動】

　針金ハンガーのフックにかける部分にコインを乗せて針金ハンガーを回します。最初はコインを乗せるだけでも難しいですが挑戦してみましょう。

■ 準備の手順

材料・用具　針金ハンガー，コイン，ビーズ（穴が針金ハンガーの太さと同じ）
---

❶　針金ハンガーを，下：左の写真のように曲げる。回したときにずれないように，引っかかる場所をつくる。

❷　針金ハンガーのかける部分が下になるように，指に針金ハンガーをかけ，コインを乗せる。乗せる作業だけでかなり難しい。2本の指の上に10円玉を乗せ，落ちない場所を探す。

指に引っかかるようにハンガーを曲げる　　　　　10円玉を乗せたときの様子

❸　10円玉が乗ったら針金ハンガーを回す。コインが飛んで周囲の人に当たらないように注意して行う。

　最初は，針金ハンガーのコインを乗せる部分にビーズをはめて，10円玉が乗る部分の面積を広くした方が実験しやすいです。

■ あそび方

　針金ハンガー回しは，やってみるとその難しさがわかります。コインを乗せる，ハンガーを回す，ハンガーを止める，どの作業も難しいです。

　最初は，振り子のように10円玉をゆらしてみましょう。大きくゆらしながら回転させてみるとうまくいくと思います。

T　針金ハンガーにコインを乗せ
　　ます。

C　そんな小さいところに乗せら
　　れるの？

T　（コインを乗せてから）回し
　　ます。

C　落ちるよ！

T　（針金ハンガーを回す）

C　先生すごい！

ハンガーを回す

ハンガーを2段で

> **ポイント**
>
> 　ハンガーを回し始めるときと，止めるときが難しいです。回し始めはハンガーを素早く動かすと成功しやすいです。ハンガーを止めるときには，手だけを止めるのではなく，体全体で止める方がコインは落ちにくいようです。コインは10円玉がやりやすいです。慣性の大きさは，より重い500円玉が大きいですが，サイズが大きすぎるとハンガーに乗せにくくなります。

　ハンガーにコインを乗せるときに重要なのはバランスです。コインの重心を考えて乗せる必要があります。

　ハンガーを回したときにコインが落ちないのは，遠心力によるものです。

※この実験は，いくつかの科学館のサイエンスショーで，以前から行われている実験です。

32 共振振り子

【振り子の運動】

　長さの違う３本の振り子を準備します。この３つの振り子は自在にゆらすことができます。決して３つの振り子は同時にゆれません。３つの中の１つの振り子だけがゆれる現象です。

▌ 準備の手順

> **材料・用具**　棒，糸（80cm，100cm，120cm 程度），５円玉やワッシャー３枚

❶　長さの違う３本の糸を準備する。

❷　糸の真ん中に５円玉などおもりになるものを結びつける。

❸　棒に糸を結びつける。

３つの振り子を１本の棒につける

❹　棒の両端を持ち，動かす５円玉を決める。

❺　周りの人に気づかれないように体全体をゆらす。ゆらしたいと思う５円玉のゆれに合わせて体全体をゆらすと，５円玉が大きくゆれる。

❻　体のゆれ方を変えて，他の５円玉をゆらす。するとゆれていた５円玉のゆれは止まる。

■ あそび方

　マジック風の演示ができる実験です。ゆらしたい振り子をしっかり見つめ，見ている子どもに気づかれないように，振り子のゆれに合わせてゆっくり体をゆらします。

　ゆれをとめるときには，ゆれと逆向きに力を加えるとあっという間に止まります。ピタッと止まる様子に子どもたちはびっくりします。

3本の中の1本だけゆらす

T　ゆらしてほしい振り子をゆらすことができるよ。

C　どうして糸の一番長い振り子だけがゆれるの？

C　他の振り子はどうしてゆれないの？

T　見ていてください。

C　振り子が止まった。今度は，糸の一番短い振り子がゆれ始めた。

ポイント

　振り子が1往復するのにかかる時間は，おもりの重さや振れる幅は関係なく糸の長さによって変わります。これを「振り子の等時性」と言います。

　振り子のゆれの周期に合わせて体全体を小さくゆらすと，振り子がゆれ始めます。そして，その小さいゆれを繰り返すことで，振り子のゆれが次第に大きくなっていきます。他の長さの振り子は与えられるゆれと周期が合わないのでゆれが小さくなってしまい，ゆれることはできません。

　このようなゆれが伝わる現象を「共振現象」といいます。遠いところで起きた地震で高層ビルが大きくゆれる現象も共振現象です。

〈参考文献〉
・後藤道夫「振り子の共振」工学院大学企画部編『おもしろ理科実験集』CMC 出版，pp.37-38（1996）

33 | スチロールシート

【植物の発芽，成長，結実】

　乾電池で発熱する発泡スチロールスライサーをつくり，発泡ポリスチレンをシート状に切ります。そのシートでつくった模型を飛ばしてみましょう。

▌準備の手順

> 材料・用具　発砲ポリスチレン，木の板（20cm ×20cm：厚さ9mm 程度），ニクロム線（電熱線φ0.2mm），ワッシャー3枚，アルミテープ，輪ゴム，蝶ボルト2個，爪つきナット2個，ネジ，木の板の足（ゴム板など），6V 電池，電池ケース，導線

❶　木の板に，φ8mm の穴をあける（爪つきナットが入る大きさの穴）。また，ネジをつける位置に印をつける。

❷　爪つきナットを板の裏面から取りつける。板にゴム板の足もつける。

❸　発泡ポリスチレンが板を滑りやすいように，アルミテープを貼る。

❹　ニクロム線の端をワッシャーにつける。ワッシャーに輪ゴムをつける。

❺　2か所のネジを取りつける。

❻　ニクロム線を取りつける。輪ゴムをネジに数回まわし，取りつける。蝶ボルトに順番に引っかけ，端をネジでしっかり取りつける。

板の表側から蝶ボルトやネジをつける

ニクロム線・ワッシャーのネジどめ

あそび方

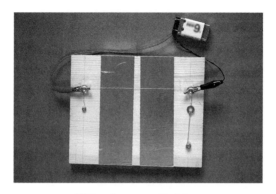

発泡スチロールスライサー

蝶ボルトに電池をつなぐと，ニクロム線に電気が流れます。それを使って
スチロールシートをつくります。このシートはすご
く軽くて薄いため，空気の流れに乗って飛ぶ様子を
観察できるなど，いろいろな実験に使うことができ
ます。その例として，「タネの模型」や「飛行機」
をつくって遊ぶことができます。

タネの模型をつくる

T　この種の模型を飛ばそう。これはアルソミトラのタネの模型です。

C　グライダーみたい。

T　こちらはニワウルシのタネの模型です。

C　くるくる回ってきれい。

T　風に運ばれるタネはこのように面白い動きをします。

> **ポイント**
>
> 　スチロールシートで種の模型をつくりたい場合には，「種の模型」「アルソミ
> トラ」などで検索して型紙を探してください。つくり方も紹介されています。
> 他にも，ニワウルシやラワンなどいろいろな飛ぶ種が紹介されています。

※本スライサーのつくり方は，池上暁先生（中学校教諭，京都府）に教えていただきました。

34 ミジンコの観察

【動物の誕生】

水中の小さい生物の観察の中で大人気なのはミジンコです。ミジンコは目で見ることもできますが，その観察には顕微鏡も必要です。ミジンコを育てて観察してみましょう。

■ 準備の手順

材料・用具　ミジンコ（田んぼの土をバケツに入れ水を入れておくとあっという間に増える），ミジンコのえさ（ドライイーストなど），小瓶，スライドガラス（水玉グラス），顕微鏡
---

❶　小瓶に，ミジンコと水を入れる。用いる水は２，３日塩素を抜いた常温の水やミネラルウォーターがよい。

❷　小瓶のふたは，きちんと閉めないでおく。きちんとふたをすると酸素が足りなくなる。そのためふたは，少し緩めておく。

ふたをあけっぱなしにしておくと，雑菌が入ってしまいます。このような場合，ミジンコが全滅してしまいます。

❸　えさはドライイーストを１週間に１，２回，耳かき２杯程度を与える。えさを入れすぎると水が濁ってしまう。

❹　小瓶は，常温で直射日光に当たらないところに置く。水温が15〜25℃あれば，えさを与えると繁殖する。

水温が30℃を越えると全滅します。水温が低すぎると休眠卵を生みます。休眠卵を孵すのは難しいので，水温が下がりすぎないようにします。

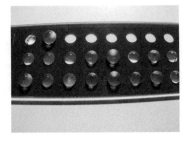

顕微鏡の観察で使う「水玉グラス」

■ あそび方

　子どもたちは，ミジンコの観察が大好きです。ミジンコは成長すると1mm以上の大きさになります。目でも十分見ることができます。さらによく観察するためには，顕微鏡を使います。

　スライドガラスにミジンコを乗せてカバーガラスをかけると，ミジンコはつぶれてしまいます。水玉のまま観察することで，ミジンコが元気に動き回る様子を観察することができます。

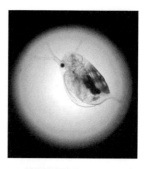

横から見たミジンコ

T　ミジンコを観察してみよう。
C　ミジンコが動いている。
T　ミジンコの目はいくつ？
C　2つじゃない？
T　よく観察してごらん。
C　あれ？　目が1つしかない。
T　そう，ミジンコは正面に1つの目を持っているんだよ。

正面から見たミジンコ

ポイント

　ミジンコを育てていると，突然全滅してしまうことがあります。そのため，2瓶以上にして飼育しましょう。水が汚れたと思ったら，水を交換しましょう。水を交換するときは，一気にすべての水を交換するのではなく，半分程度ずつ交換します。

　ミジンコの観察を通して顕微鏡の使い方を確認することができます。

※ミジンコの育て方や観察の方法は，足利昌俊氏（株式会社内田洋行営業本部）よりアドバイスを受けました。

35 ペットボトルの中に雲をつくろう

【天気の変化】

　雲の正体は，空気中の水蒸気が水滴になったものです。霧も同じですが，霧の場合には，地面に接している点が異なります。ペットボトルの中に雲をつくり，その正体を調べてみましょう。

▌準備の手順

```
材料・用具
方法1…炭酸用ペットボトル，フィズキーパー，エタノール（少量）
方法2…炭酸用ペットボトル，水（少量），線香，マッチ
```

【方法1】

❶　ペットボトルに少量のエタノールを入れ，ふたをしてペットボトルを振りエタノールを全体に広げる。

❷　ふたを取り，フィズキーパーを取りつける。フィズキーパーでペットボトルの中に空気を入れる。

❸　空気をたくさん入れたら，一気に空気を抜く。するとペットボトルの中に雲ができる。

方法1　ふたをあけた瞬間にペットボトルの中に雲ができる

【方法2】

❶ ペットボトルに少量の水を入れる。線香の煙を少し入れ、ふたをする。

❷ ペットボトルを思いっきりつぶし、一気に力を緩める。するとペットボトルの中に雲ができる。

　ペットボトルをつぶす、つぶした手を緩める、を繰り返すと、雲は次第に濃くなっていきます。

方法2　ペットボトルをつぶし、手を離した瞬間に雲ができる

▌ あそび方

　雲ができたらフィズキーパーを外したり、ふたをあけたりすると、雲がペットボトルから出てくる様子を見ることもできます。見ていると出てきた雲は、見えなくなってしまいます。

T　ペットボトルの中に雲をつくってみよう。まず、ペットボトルをぎゅっとつぶして、手を離す。

C　手を離すと…雲ができた！

T　ペットボトルをつぶすと気圧は大きくなるね。手を離すとペットボトルがもとに戻り、一気に気圧が下がります。このときに、ペットボトルの中の温度が下がるので、雲ができます。

C　簡単にできるんだね。

T　ペットボトルの中を水でぬらすことと、ペットボトルの中に線香の煙を入れることが重要なんだよ。

ふたをあけると雲が出てくる

> **ポイント**
>
> 　フィズキーパーで空気を入れていくと，ペットボトルの中の気圧が上がります。ペットボトルをつぶしても，気圧が上がります。フィズキーパーの栓をあけたり，ペットボトルをつぶしている手を離したりすると，ペットボトルの中の気圧が下がります。
>
> 　気圧が下がると温度も下がります。温度が下がると雲ができます。

　水蒸気が小さな水滴が集まった雲になるためには，水蒸気と水蒸気が凝結するための核，気温の降下（圧力の降下）が必要です。

　方法2を段階的に実験することで，雲ができるために必要な条件について考えることができます。方法1は，フィズキーパーを使うこととエタノールを用いることで簡単に雲をつくる方法です。

〈参考文献〉

・十河信二「ミニペットボトルで雲発生！」『青少年のための科学の祭典2001実験解説集』公益財団法人日本科学技術振興財団，p.60（2001）

36 シャボン玉で気体の実験

【燃焼の仕組み】

　気体は，目で見ることができません。そのため，その性質を確かめる実験が難しい場合があります。特に水素の燃焼は，方法によって危険な場合もあります。そんなときにシャボン玉を使うと安全に実験することができます。

▌ 準備の手順

> **材料・用具**　ストロー，傘袋，セロハンテープ，気体のボンベ（水素・酸素・二酸化炭素），ブタン（ライター用のボンベを用いる），ガスマッチ，シャボン液，下敷き

❶　傘袋の口にストローをつけ，セロハンテープでとめる。

　ストローの先は，ハサミで切り込みを入れて広げておくと，大きなシャボン玉をつくりやすいです。

❷　気体はそれぞれ発生させてもよいが，ボンベを使用してもよい。それぞれの気体を傘袋に入れ，ストローを曲げて口を閉じておく。

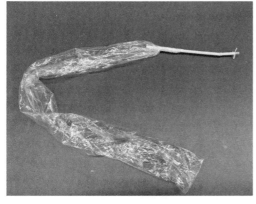

ストローつき傘袋

ストローの先を切り開く

空中に浮く水素のシャボン玉に火をつける

❸ ストローの先をシャボン液につけ，それぞれの気体のシャボン玉をつくり，その動きを確認する。

○水素（上に上がる）

○酸素（ゆっくり下に落ちる）

○二酸化炭素（酸素より早く下に落ちる）

○ブタン（さらに早く下に落ちる）

❹ 水素のシャボン玉に火をつける。

水素のシャボン玉が上に登っていくため火がつけにくい場合には，ぬらした下敷きの上にシャボン玉をつくり，火をつけます。気体が燃えます。

❺ 水素と酸素が２対１になるように袋に入れ，シャボン玉をつくって火をつける。シャボン玉がポンと音を立てて一瞬で燃える。

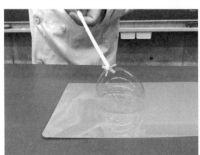

下敷きの上にシャボン玉をつくり，火をつける

▍あそび方

　水素のシャボン玉が上に登っていくと，子どもはシャボン玉をずっと目で追います。そのため気体の性質を印象深く実験することができます。

T　水素のシャボン玉に火をつけてみよう。どうなるでしょう。

C　水素は爆発する（耳をふさぐ子どももいる）。

T　やってみよう。水素だけだと爆発しないで燃えるだけです。

T　今度は，酸素を混ぜた気体です。こちらはどうなるかというと？

C　爆発する。

　（子どもが答えた後すぐに火をつけると，バンと音を立てて気体は一瞬で燃える）

T　そうですね。爆発します。

> **ポイント**
>
> 　水素のシャボン玉に火をつける際は，くれぐれも気をつけてください。水素が発生しているとき，その装置に引火し，容器が破裂する事故になる場合があります。この実験では，装置に引火しても，ビニル袋やシャボン玉が破裂するだけです。

　シャボン玉を使うだけで，密度の実験が簡単にでき，水素の燃焼の実験も安全になります。

　ブタンのシャボン玉も火をつけると燃えますが，ブタンは空気より密度が大きいため，早く下に落ちてしまいます。そのため，ブタンにはヘリウムを少し混ぜて空気の密度に近づけると火をつけやすくなります。また，ブタンは水素より密度が大きい気体なので，ブタンが燃えるときの音は，水素の「ポン」という軽い音に比べると，「ボン」と低い音になります。

〈参考文献〉
・平賀伸夫「気体の密度調べ」左巻健男編著『楽しくわかる化学実験事典』東京書籍，pp.84-85（1996）

37 色のついた炎

【燃焼の仕組み】

　打ち上げ花火や家庭用の花火，線香花火など，いろいろな種類の花火があります。花火が人を惹きつける理由は，様々に変わる色や明るく輝く光，それが一瞬で燃える様子など考えられます。花火の色の秘密を探っていきます。

▌準備の手順

材料・用具　霧吹き（数本），ラボガス，ガスマッチ，エタノール，試薬（塩化ナトリウム【黄】，ホウ酸【緑】，硫酸銅・塩化銅【青緑】，ミョウバン【紫】，乾燥剤（生石灰）・カルシウムのサプリなど【オレンジ】）
※試薬については身近にあるものを試してみると面白いです。

---

❶　それぞれの試薬を霧吹きに入れたエタノールに溶かす。試薬によって，エタノールへの溶け方は違う。何種類かの試薬で試してみよう。

❷　最初にエタノールだけをラボガスの炎に吹きかける。アルコールに火がつき，大きな炎ができる。

❸　試薬を溶かしたエタノールをラボガスの炎に吹きかける。試薬の種類によって，見える炎の色が変わる。

エタノールの炎

試薬を溶かした霧吹き

▌あそび方

　炎に色がつく様子を観察します。夏に実験をする場合には，打ち上げ花火や手持ち花火の色を思い出させながら炎色反応の実験をすると，より花火に対する興味が膨らみます。

色がついた炎の様子

T　エタノールの燃える色を見てみよう。

C　オレンジの炎の色だ。

T　次に，花火に色をつける薬品を入れたエタノールだよ。

C　こんなにいろいろな色があるんですね。

T　花火の色を見たときに，どんな色が出ているかよく観察してみてね。

ポイント

　今回はエタノールに溶かしました。試薬によって溶けやすさが違っています。そのため，それぞれの薬品をエタノールに少量溶かして，溶けやすさを調べてみましょう。

　炎色反応は，金属の種類によって色が決まっているため，その金属が物質に入っているかを調べるときに使われる反応です。また，花火の色も炎色反応です。

　炎色反応が見られる金属は決まっています。身近な食品などにもいろいろな金属が含まれているものがあります。成分表を見て探してみましょう。分解すると危険なものもあるので，注意して実験してください。

ナトリウム	黄色
カリウム	紫色
カルシウム	オレンジ色
リチウム	深紅色
ストロンチウム	深紅色
バリウム	黄緑色
ホウ酸	緑色
銅	青緑色

38 ラムネづくり

【水溶液の性質】

　重曹は，身近でいろいろ使われている薬品の一つで，発泡入浴剤やホットケーキに使われています。重曹を使ってラムネをつくってみましょう。

▌ 準備の手順

材料・用具　重曹（ラムネの場合には食品用を使用する：薬品名は炭酸水素ナトリウム），クエン酸（ラムネの場合には食品用を使用する），コーンスターチ，粉砂糖，型またはチャックつき袋，スポイト（水を入れるため），計量さじ（小さじ：5mL）

---

❶　重曹（小さじ1/2杯）とクエン酸（小さじ1/2杯），コーンスターチ（小さじ1/4）をチャックつき袋に入れよくかき混ぜる。

❷　粉砂糖（小さじ2杯）を入れ，よく混ぜる。

小さじで袋に入れていく

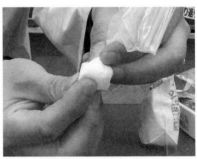
水を入れたら袋の中で成形する

❸　粉を固めるための水をスポイトで10〜20滴入れる。水を入れすぎると反応が進んでしまうので，数滴ずつ入れて水が全体に広がるようによくこねる。粘土のように形を整えられる程度に固まったら水を加え，形を整える。そのままだと大きいと思ったら，いくつかに分けて形を整える。

▍あそび方

　形を整えたら袋の口をあけて固まるまで置いておきます。水の量によりますが，数時間程度で固まります。

　そのままだと大きいと思ったら口に入る大きさに割って，食べてみましょう。

完成したら，しっかり乾かそう

T　ラムネを食べてみよう。

C　甘い。おいしい。

T　口の中はどんな感じ。

C　シュワシュワする。何だか冷たく感じる。

T　重曹から二酸化炭素が発生するからシュワシュワするんだよ。そのときに少しだけ温度が下がるよ。だから冷たく感じるんだよ。

ポイント

　発泡入浴剤をつくる場合には，粉砂糖を入れないでつくってみましょう。発泡入浴剤の場合には大きめに，型に入れてつくります。しっかり固まってからお湯に入れると，泡を出して溶けていくことがわかります。このときに発生する泡が二酸化炭素です。

　昔のラムネには使われていましたが，今のラムネには炭酸水素ナトリウムは使われていないようです。クエン酸などの酸味料による清涼感によりラムネとして感じさせてくれるようです。

　使う薬品が結晶状の場合には，乳鉢などで細かくすると，食べたときにより清涼感を感じることができます。

※ラムネづくりについては，新村宏樹先生（中学校教諭，富山県）から教えていただきました。

39 | 紫色のジュースの色変わり

【水溶液の性質】

　紫色のジュースというと，何を思い浮かべますか。ブドウジュースや野菜ジュース，ブルーベリージュースもあります。酸性・アルカリ性はリトマス紙で調べますが，紫色のジュースでも調べることができます。

▌準備の手順

> **材料・用具**　紫色のジュース，酸性やアルカリ性の水溶液（酸性の水溶液：お酢・炭酸水，中性の水溶液：食塩水など，アルカリ性の水溶液：重曹を溶かした水・コンニャクの汁，石灰水など），卵のケース，スポイト

❶　卵のケースにあらかじめ酸性・中性・アルカリ性の水溶液を入れておく。

❷　それぞれの水溶液に紫色のジュースを入れていく。この実験で使っているジュースが，酸性・中性・アルカリ性でどのような色になるかわかる。

❸　調べたい水溶液を容器に入れてジュースを入れ，その色ともとの溶液の色を比較すると，調べたい水溶液の性質がわかる。本書 p.98でつくった石灰水も調べてみよう。

スポイトで紫色のジュースを入れる

▌ あそび方

　身近にあるいろいろな水溶液の性質を調べてみましょう。また，水にいろいろな粉を溶かしてその性質を調べることも面白いと思います。

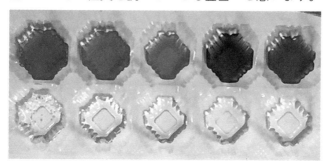

左から炭酸水，にがり，お酢，重曹，コンニャクの汁（下の段はもとの水溶液）

T　ジュースをリトマス紙の代わりに使ってみよう。

C　ジュースの色が変わっていく。色が変わったジュースを飲んでみたい。

T　入れている薬品が飲めないので，飲まないでくださいね。レモンの汁を入れたときなら飲めるよ。

C　入れてみよう。飲んでみようかな。

ポイント

　紫色のジュースの色は，ポリフェノールの一種である色素「アントシアニン」の色です。身の回りの紫色の食べ物や花の色にはアントシアニンが含まれています。ナスやブドウの皮の色もそうです。アントシアニンの色はジュースの種類で変わりますが，酸性で赤，中性で紫，アルカリ性で青・緑になります。

　ムラサキキャベツを使って水溶液の性質を調べる実験が紹介されている教科書も多いですが，ムラサキキャベツの汁は搾るのが結構大変で，長く保存することができません。紫色のジュースなら簡単に手に入ります。

　ジュースの種類によって色が変わりやすいものもあります。授業で使う前にあらかじめ実験して，色の変化がわかりやすいジュースを使いましょう。

理科6年

40 石灰水づくり

【水溶液の性質】

　二酸化炭素を調べる薬品といえば，すぐに思い浮かべるのが「石灰水」です。理科室でしかつくれないと思われがちな薬品ですが，家にあるもので簡単につくれます。自由研究のために子どもに紹介しておくといいのではないでしょうか。

■ 準備の手順

> **材料・用具**　消石灰（ホームセンターなどで肥料として販売されている：水酸化カルシウム），容器，ろ紙，ペットボトル（長い時間保存する場合には，ペットボトルはアルカリ性に弱いため，ポリ容器が望ましい）

❶　ペットボトルの底にたまるくらいの消石灰を入れ，水を入れてよく振る。

❷　このまま1日放置したときの上澄み液が石灰水になる。にごったままでもこの液をろ過して出てきた液体が石灰水である。

　石灰水を，いろいろな実験に使ってみましょう。石灰水に息を吹き込んでみると，白くにごることがわかります。石灰水にドライアイスを入れても，石灰水が白くにごります。しばらくすると，石灰水は無色透明になります。

にごった液体をろ過すると，透明な石灰水が出てくる

■ あそび方

　石灰水ができたら，まず息を吹き込んでみましょう。息を吹き込むと石灰水が白くにごります。また，さらに息を吹き込み続けましょう。今度は石灰水が，透明になります。

　授業では，白くにごったらそれで，二酸化酸素があった，で終わってしまいますが，自分でつくった石灰水だといろいろ実験してみたいと感じるのではないでしょうか。

息を吹き込む

C　石灰水ってそんなに簡単につくれるの？

T　肥料の消石灰を水に溶かしてろ過するだけなんだよ。

C　そんなに簡単なんだ。

T　でも，消石灰を水に溶かすときの発熱や，石灰水はアルカリ性なので，注意して使いましょうね。

ポイント

　石灰水は，水酸化カルシウムを水に溶かしてつくる水酸化カルシウムの飽和溶液です。石灰水に二酸化炭素を吹き込むと，水に溶けにくい炭酸カルシウムができるため白くにごります。さらに二酸化炭素を吹き込むと水に溶けやすい炭酸水素カルシウムになるため，石灰水は透明になります。

　石灰水は，小学校でも中学校でも理科の授業では使われることが多い試薬です。簡単につくれることを知ることでいろいろな実験に使えるのではないでしょうか。石灰水はアルカリ性の水溶液です。実験の際には石灰水が目に入ったり体についたりしないように注意して実験しましょう。

〈参考文献〉
・「炎を消す「空気」とマホウの水」『ガリレオ工房の科学あそびエコ CO_2 編』実教出版，pp.12-17 (2012)

41 うがい薬で実験

　うがい薬には，ヨウ素が入っています。ヨウ素と聞くと，「ヨウ素溶液」を思い出しますね。デンプンを調べる指示薬です。また，ヨウ素溶液はビタミンCで色を消すことができます。

▌ 準備の手順

> **材料・用具**　うがい薬，【ビタミンCで色を消そう】お茶のペットボトル，ビタミンCを含んだお菓子（またはサプリメント），セロハンテープ，【デンプンを調べよう】デンプンを調べたいもの，ビーカー，スポイト，ペトリ皿

【ビタミンCで色を消そう】

❶　空のお茶のペットボトルにうがい薬を少量入れ，水で薄めて麦茶ぐらいの色にする。

❷　ふたの裏にビタミンCを含んだお菓子をセロハンテープで貼る。

❸　子どもたちの前でペットボトルを振る。お茶の色が消え無色透明になる。

【デンプンを調べよう】

❶　うがい薬をビーカーに入れ，水で10〜20倍に薄める。見やすい濃さを探そう。

❷　ジャガイモやパンなどデンプンを調べたいものをペトリ皿に並べ，スポイトで数滴の薄めたうがい薬をかける。色の濃さの違いでデンプンの量を比較できる。

ペットボトルを振ると
お茶の色が消える

▌ あそび方

　【ビタミンCで色を消そう】は，マジック風に見せるだけでなく，身の回りのものにビタミンCがどれくらい入っているかを調べる実験に使うことができます。

　【デンプンを調べよう】は，うがい薬で実験できることを知ることで，ヨウ素溶液の反応が，家でもできる実験になります。

パンにうがい薬をかけると青紫色に

　うがい薬を水で薄めるとき，濃くするとコーラ，薄くするとお茶のように見えます。子どもに見せるときには，ペットボトルにそのラベルがついていると本物っぽいです。

T　ペットボトルのお茶は，少し振った方がおいしくなるんだよ（と言って思いきりペットボトルを振る）。

C　先生，そんなに振るの。

T　大丈夫。

C　お茶の色が薄くなってきた。あれ？　色が消えて透明になっちゃった。

T　実は，これはお茶ではなかったんだ。だから飲めないんだ。

　うがい薬にはポビドンヨードが含まれており，この中にヨウ素が含まれています。ヨウ素液では水に溶けるように工夫されたヨウ素が含まれています。それぞれの実験は，このヨウ素の性質を利用しています。

> **ポイント**
>
> 　うがい薬は，そのままで実験に使うには少し濃いため，それぞれの実験に合う濃さに薄めて使いましょう。

　ヨウ素デンプン反応では，デンプンの中にヨウ素が入ることで呈色します。ビタミンCはヨウ素を無色のイオンに変えるため無色透明になります。

42 色変わり焼きそば

【水溶液の性質】

　焼きそばの麺には，「かん水」が含まれています。そのため焼きそばの麺をゆでる水はアルカリ性になっています。焼きそばをつくって，酸性・アルカリ性の実験にチャレンジしましょう。おいしく実験できます。

準備の手順

> 材料・用具　焼きそばの生麺（かん水入りのもの），カレー粉（ターメリックが入ったもの），フライパン，加熱器具，ムラサキキャベツ，お酢，塩，ソース

　カレー焼きそばは，次のようにつくります。

❶　フライパンに油を引き麺を入れる。水を少量入れて，沸騰したら麺を入れる。

❷　麺がほぐれてきたらカレー粉をかける。カレー粉の色は黄色だが，麺の色は赤色に変わる。

焼きそばをつくる

❸　ソースを少しずつかける。麺の色が赤色から黄色になる。これで完成。

　ムラサキキャベツ焼きそばは，次のようにつくります。

❶　フライパンで千切りにしたムラサキキャベツを少量のお湯で煮て，ムラサキキャベツの色素をお湯に移す。

色が変わる

❷　ムラサキキャベツだけを皿に移し，焼きそばの麺を入れ，麺をほぐす。麺の色が青色に変わる。この色を残したいときは塩で味つけ，色をもとの色に戻したいときはソースで味つけをする。酸性にするときは，お酢を加える。麺の色は赤色になる。

■ あそび方

　焼きそばをつくりながら色変わりの実験ができます。焼きそばの色をいろいろに変えて，色と味を楽しみましょう。

カレー焼きそばとムラサキキャベツ焼きそば

T　今日はカレー味の焼きそばです。焼きそばにカレー粉を入れるよ。

C　黄色い粉が入ったのに，赤色になったよ。

T　次はソースを入れるよ。これで完成だよ。

C　黄色になった。カレー粉の色がこんなに変わるのは不思議。

T　他にも混ぜてすごく色が変わるものがないか調べてみよう。

> **ポイント**
> 　ターメリックに含まれる色素であるクルクミンの色が変わるためです。クルクミンの色は酸性・中性で黄色ですが，アルカリ性では赤色に変わります。

　身の回りには酸性，中性，アルカリ性で色が変わるものがあります。ここではカレー粉がその役割です。また，酸性やアルカリ性の食品もあります。「かん水」はアルカリ性，ソースは「酸性」です。

〈参考文献〉
・山田善春「カレーソース焼きそば」『おウチにある物で試して遊ぼう環境もんだい』関西電力，pp.20-21
（2006）

43 | 紙のペンスタンド

【てこの規則性】

　紙でペンを支えてみましょう。できるだけ不思議な形のペンスタンドをつくりましょう。ペンの長さを調節することで思いがけない形でもペンを支えることができます。

▌準備の手順

材料・用具　古はがきなど，ハサミ，ペン（鉛筆など）

---

❶　はがきサイズの紙を半分に折る。あまり細くなりすぎないように注意して，紙をハサミで切る。

❷　切った紙の折った側に鉛筆が入るくらいの穴をあける。

❸　紙の下の部分を少しずつ切りながら，ペンが立つ形を探る。

バランスが取れる位置を探す

鉛筆の長さや紙の角度を調整する

手を離しても立っている

■ あそび方

　つくるのは簡単なので，いろいろ工夫してできるだけ不思議な形をつくってみましょう。

　次の写真は市販のワインボトルスタンドです。一見すると不安定ですが，穴にワインを入れることで安定しています。

ワインスタンド

T　この紙に鉛筆を差し込むよ。そして机の上に置くと。

C　すごい。倒れない。どうして倒れないの？

T　重心が関係あるんだよ。

C　重心？

T　ペンと紙の重心が，紙の足の真上になるようにすると立つよ。

> **ポイント**
>
> 　紙の開き方や，床につく部分の切り方，鉛筆の位置により重心が変わります。試行錯誤してペンを立ててみましょう。

　重心を探すには，重心を調べたいものを両手の人差し指の上に乗せて，落ちないようにその指を近づけることで探すことができます。指の上に重心を乗せれば，指１本でバランスを取ることができることがわかります。バットなど重心がわかりにくいものでもこの方法で重心を探せます。

44 手回し発電機で電球をつけよう

　手回しで電球をつけてみましょう。手回し発電機には，いろいろな製品があります。小学校では3Vまで発電できる製品を使っている学校も多いと思います。ここでは一般的な手回し発電機（12V）を使った実験を紹介します。

▌準備の手順

材料・用具　手回し発電機，豆電球用ソケット，豆電球，電灯台，電球（40W程度：ワット数が低い方が点灯しやすい），電球型蛍光灯（40W形：写真はMITSUBISHI EFD10ED/8・HSを使用），LED電球（40W形：写真はPanasonic LDA6N-Hを使用）

---

❶　手回し発電機に豆電球を接続し，豆電球をつける。規格が6.3Vより小さい場合は，フィラメントを切らないように注意してハンドルを回す。

❷　電球を電灯台に取りつける。そして，手回し発電機を直列につなぐ。

手回し発電機を回すときには，全員が同じ向きに回す

❸　電球を電球型蛍光灯に取り替える。直列につなぐ手回し発電機の台数を増やす。蛍光灯がつかない場合には，手回し発電機の台数をさらに増やす。

これまでの実験では，小学生だと 8 台以上つないで回すとつくことが多かったですが，回す速さによりつき方は変わります。電球型蛍光灯がつくときには，電球より明るくつきます。電球がついたら回す速さを少しゆっくり回しても電球は明るくついたままになります。

❹　LED 電球を取りつけ，直列に接続した手回し発電機を回す。すると　LED 電球が明るくつく。つくときには，電球より簡単に明るくつく。

　手回し発電機の台数を減らしていくと，LED 電球が他の電球より小さいエネルギーでつくことが確認できます。

電球型蛍光灯はつかない　　　　　　　　LED 電球は明るくつく

T　手回し発電機で電球をつけてみよう。
C　そんなのつくわけないよ。
T　1 人だと無理だけど，みんなで協力するとつけることができるよ。
T　どの班がつけることができるかな。

> **ポイント**
> 　電球に比べて，電球型蛍光灯や LED 電球が小さいエネルギーでつくこと，つまり省エネであることが体感できます。

　電球の種類によってつかないときがあります。あらかじめ使用したい電球型蛍光灯や LED 電球を電源装置やスライダックにつないで調べておきましょう。

45 電池式ホバークラフト

【電気の利用】

モーターを使って，長い時間浮くことができるホバークラフトをつくってみましょう。

準備の手順

> **材料・用具** カップ麺の容器，モーター，プロペラ，単3乾電池（2本），単3乾電池ケース2個，導線，プロペラ，両面テープ（厚手），接着剤

❶ カップ麺の容器の底面の中心に鉛筆で穴をあける。

❷ モーターを両面テープでとめる。外れやすいのでしっかりとめる。
完成したらモーターを接着剤でとめると安心して実験することができます。

❸ モーターの周りに写真のように穴をあける。この穴から空気が通る。

モーターと乾電池ケースを容器に貼りつける　モーターと乾電池ケースの間に穴をあける

❹ 乾電池ケースを両面テープで2か所に貼る。バランスが取れるように位置に注意して貼る。

❺ プロペラを取りつけたら完成。机の上で走らせてみよう。

プロペラを取りつける

▍あそび方

　机の上でホバークラフトを走らせてみましょう。ゆっくり進んでいきます。プロペラでホバークラフトの中に空気を送り込んでいるので，少し浮きます。すると摩擦がなくなるので，止まることなく進み続けます。

指で軽く押すとゆっくり進む

机の端で落ちないでいる

T　机の上でホバークラフトを走らせてみよう。

C　机から落ちそうだよ。あっあぶない。

T　机の端に行くと落ちそうに見えるけど落ちないんだよ。

C　どうして机の端に行ったら止まるのかな？

T　端にはみ出た部分から空気が逃げ，浮くことができなくなるからだよ。

ポイント

　電池が逆向きに取りつけられ，プロペラの回転が逆になるとホバークラフトは浮きません。風が後ろ向きに出てしまうため，容器内の気圧が高くならないからです。モーターや電池を取りつける前に，確認しましょう。

　ホバークラフトは，日本でも以前は実際に走っていました。平らな場所なら水上も陸上も走ることができたので便利な乗り物だったようです。

〈参考文献〉

・壇上慎二「カップ麺の容器でつくるホバークラフト」『ふしぎ体感，科学実験』講談社，pp.100-104 (1999)

46 最も簡単なモーターをつくろう

【電気の利用】

　簡単なモーターであるクリップモーターもいろいろ工夫が必要で，クラス全員が回転するモーターづくりは結構大変です。ここでは，学級全員が成功する最も簡単な構造のモーターをつくってみましょう。

▌準備の手順

> **材料・用具**　単3乾電池，ネオジム磁石，銅線（φ1mm，30cm程度）

❶　机の上にネオジム磁石（厚さが薄い場合，何枚か重ねる）を置き，その上に乾電池を＋極側が下になるように立てる。バランスが悪いようだが，ネオジム磁石があるので，電池を立てることができる。

❷　銅線を半分に折り曲げる。この曲げた部分が乾電池の－極に乗る部分になる。曲げた部分よりさらに数cm上を軽く曲げて下の写真のような形にする。

❸　銅線の先の部分が，ネオジム磁石に軽く触れるように曲げていく。磁石と銅線がうまく接触すると，自然に回り始める。

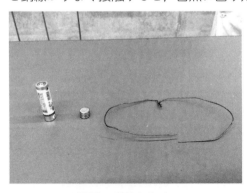

準備物：導線を曲げる

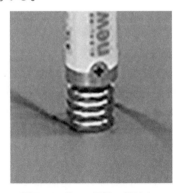

磁石にわずかに銅線が接触する

▌ あそび方

　このモーターをつくったら子どもたち
によく観察させてください。どうしたら
よく回るだろう，なぜ回るのかなどいろ
いろ考えることができます。磁石の極や
乾電池の向きを逆にすると，銅線の回転
方向は逆になります。

　そんな発見が子どもたちの中から出て
くるといいなと思います。

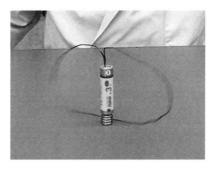

回っている様子

T　今日は最も単純なモーターをつくります。材料はこの３つです。

C　これでモーターができるの？

T　ポイントは銅線のバランスと銅線と磁石の接触です。

C　難しそうだけど，いろいろ工夫できそうだね。

> **ポイント**
> 　銅線と磁石の接触が重要です。銅線と磁石が離れすぎると電気は流れず，銅
> 線は回りません。銅線と磁石がしっかり接触してしまうとショート回路になっ
> てしまい，電気が流れすぎて電池が発熱してしまいます。銅線をいろいろ曲げ
> て形を変えながら，よく回転するモーターをつくってみましょう。

　このようなモーターは，「ファラデーモーター」（単極モーター）と言われ
ます。このモーターが回転するのは，中学校で学ぶフレミングの左手の法則
で説明できます。ネオジム磁石と銅線が接触すると電気が流れ，磁界ができ
ます。ネオジム磁石の近くで磁界ができるため，銅線は回転を始めるのです。

※このモーターは塚平恒雄先生（高校教諭，大阪府）のモーターを参考にしています。

47 充電おもちゃ電車

手回し発電機を使って充電して，おもちゃの電車を走らせましょう。

▌準備の手順

> **材料・用具** 乾電池スペーサー（単2），コンデンサ（2.3V，10F），導線，アルミテープ，電車のおもちゃ，手回し発電機，ミノムシクリップ

❶ コンデンサの足を半分に折り，コンデンサの＋極側に赤い導線を，－極側に黒い導線をつけ，導線をよくねじっておく。この上からアルミテープでとめるか，はんだで動かないようにする。

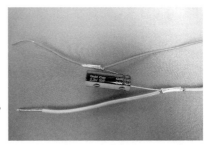

コンデンサに導線を取りつける

❷ コンデンサの赤い導線の先端を電池の器具の＋極側にアルミテープで貼る。

❸ コンデンサの－端子側の導線を電池の器具の－極側につなぐ。はんだ，またはアルミテープでとめる。

乾電池スペーサーに入れる

❹ 電池の極に注意して，電車のおもちゃに乾電池スペーサーに入れたコンデンサを取りつける。

❺ 充電する際には，＋極側に手回し発電機の赤いクリップ，－極側に手回し発電機の黒いクリップをつなぎ，回転させる側に注意して充電する。

今回使用した大容量の電気を貯めることができるコンデンサは，キャパシタとも呼ばれます。2.3V10F のキャパシタの2.3V は電圧を，10F は貯めることができる電気の量を表しています。

▌あそび方

　電車のおもちゃに電池を装着して充電します。そして，電車を走らせ，何m走るか調べます。充電しすぎるとコンデンサが壊れることがあるので，決められた距離（10m程度）を目指して，充電してみましょう。手回し発電機を回す回数を変化させて，電車の走る距離がどう変わるか，調べてみましょう。

電車に装着した写真	**電車が走る様子**

T　10mを目指して電車を走らせよう。

C　10回発電機を回して充電して走らせてみよう。あれ？　全然走らない。

T　コンデンサにある程度電気が貯まらないと電車は走らないよ。

C　今度は，30回手回し発電機を回して充電して実験だ。

ポイント

　手回し発電機は，ハンドルを回す速さや回す回数で発電できる電気の量が変わります。1秒間に1回転程度の速さなど速さを決めて回し，毎回の条件を揃えることが大切です。また，1回実験するごとに＋極の導線と－極の導線をつなぎ，コンデンサの電気を放電することで，充電量を比較しやすくなります。

　キャパシタは，5.5V用の電圧の高いものや4.7Fの電気を貯めるものなどいろいろな規格があります。そのときの実験に適したものを使いましょう。

48 オブラートで水の姿を観察

【植物の養分と水の通り道】

　植物の葉から水が出ています。体からも水が出ています。これらの水は，水蒸気という目に見えない姿で出ているので，水が出ていることを直接見ることはできません。そんな水蒸気をオブラートを使って調べてみましょう。

準備の手順

材料・用具　オブラート，植物の葉，トレーシングペーパー

【人の手で行うとき】

● 　手の平と手の甲にオブラートを乗せ観察する。手の平にのせたオブラートはすぐに丸まるが，手の甲に乗せたオブラートはゆっくり丸まっていく。

【植物で行うとき】

❶ 　調べたい植物の葉を取ってきて葉の茎以外の部分がぬれないように水につけておく。葉がぬれてしまうと実験はうまくいかない。また，取ってきた葉を使ってすぐに実験する場合には，水につける必要はない。

❷ 　葉の表と裏にオブラートを乗せて観察する。植物の種類によって丸まりやすさが変わる。いろいろな植物で観察してみよう。

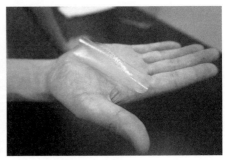

手の平にオブラートを乗せるとすぐに丸まってしまう

▌あそび方

オブラートは薄く小さいので，持ち運んでどこでも実験できます。

また同様の実験をトレーシングペーパーでも実験できます。トレーシングペーパーで実験する場合には，絵を描いて実験すると楽しめます。人の絵を描いたトレーシングペーパーを配ったときは，次のように進めます。

T　手の上にトレーシングペーパーを置いて，「腹筋」と念じてみよう。

C　「腹筋，腹筋」あっ紙が曲がり始めた。

T　たくさん曲がったら，裏にしてみよう。もう一度「腹筋，腹筋」

C　「腹筋，腹筋」，今度は反対に曲がってきた。

T　慣れてきたら，曲がれと念じずに，手の平に置いておくだけでいいよ。

C　本当だ。置いておくだけで腹筋する。

手の上に乗せる

> **ポイント**
>
> トレーシングペーパーで実験する場合，その厚さによって曲がり方が違います。子どもが行う場合には，厚口の90g/m^{2}以上の方がゆっくり曲がっていきます。大人は，薄口の50g/m^{2}や75g/m^{2}でないと曲がらないことがあります。

トレーシングペーパーやオブラートが曲がっていく理由は，葉の表面や手の平から出る水蒸気です。水蒸気がトレーシングペーパーやオブラートにつくと，ついた面の紙の繊維などが延びるため，曲がっていきます。

〈参考文献〉
・山田善春「おどるオブラート」『おウチにある物で試して学ぼう環境問題』関西電力，pp.16-17（2002）
※トレーシングペーパーで腹筋のアイデアは，村田直之氏（会社員，兵庫県）に教えていただきました。

49 逆立ちゴマ

コマの中には，回すと逆立ちするコマがあります。このようなコマを「逆立ちゴマ」と言います。ビー玉を使い逆立ちゴマをつくって，その性質を調べてみましょう。

市販の逆立ちゴマ

▌準備の手順

> **材料・用具** ビー玉４個，ガラスを接着できる接着剤（ホットボンド，エポキシ系の接着剤など）

❶ ３つのビー球を接着剤で接着する。このとき，きちんと三角形になるようにする。

❷ ３つの接着したビー玉の上にもう１つのビー玉を接着し，三角すい型にビー球を接着する。接着剤が乾くまで動かさないように置いておく。

❸ しっかり接着できたら，上のビー玉を持ってコマを回す。回り始めると，コマが逆立ちして回る。回転が落ちるともとの向きになり，止まる。

１段目の接着

ビー玉逆立ちゴマ

▌あそび方

　上の１つのビー玉を持ってコマのように回します。すると，逆立ちして回り始めます。止まるときには，またもとの向きになります。

ビー玉逆立ちゴマが回っている

T　コマのようにビー玉を回してみよう。

C　あれ？　逆立ちした。どうしてコマが逆立ちするの。

T　木の逆立ちゴマも回してみよう。

C　このコマも逆立ちする！

T　どうしてコマが逆立ちするか調べてみよう。

> **ポイント**
>
> 　普通のコマと異なり，市販の逆立ちゴマを机の上に置くと立つことがわかります。コマの重心がコマの中心より下にあるためです。

　勢いよくコマが回転すると，重心が上にある方がコマ全体が安定します。そのため回転を始めると重心が上に上がります。

〈参考文献〉
・安東宏「くるっと反転逆立ちごま」足利裕人編著『すぐつかえる付録つきつくる科学の本』シータスク，pp.44-47（2001）
・戸田盛和「逆立ち正立自在のコマ」『おもちゃの科学６』日本評論社，pp.219-228（1995）
・乾友彦「きらきらと立ち上がるビー玉ゴマ」『ものづくりハンドブック９』仮説社，pp.18-21（2015）

50 紙コップでカルメ焼き

カルメ焼きはおたまでつくる方法がよく紹介されていますが，紙コップを使い，何人もが同時につくることができるカルメ焼きに挑戦しましょう。

■ 準備の手順

> 材料・用具　砂糖100g（3〜4杯分），水25g，重曹（炭酸水素ナトリウム），卵白，温度計（150℃以上計れるもの：球部を割り箸で挟み針金でとめる），鍋，おたま，紙コップ（90mLか150mL），クッキングシート

❶　卵白に重曹を溶かしていき，耳たぶくらいの硬さになるようにする。砂糖を少し加えると成功しやすい。

❷　紙コップの上にクッキングシートを置き，紙コップの形に凹ませておく。

鍋で125℃まで砂糖液を煮る

❸　鍋に砂糖と水を入れ，割り箸を挟んだ温度計でよくかき混ぜながら加熱する。

❹　鍋の砂糖水の温度が125℃くらいになったら火をとめて，おたまで紙コップに入れていく。

❺　割り箸の先に❶の重曹卵を少しつけて，紙コップの中の砂糖液をかき混ぜる。砂糖が膨らむ様子が見えたらかき混ぜるのをやめて割り箸を抜く。十分に砂糖が膨らんだら完成。クッキン

割り箸でかき混ぜる様子

グペーパーごと紙コップから外すと，カルメ焼きを取り出すことができる。

水の量が少ない方が早く温度が上がりますが，少なすぎると砂糖が十分に溶けずカルメ焼きになりません。砂糖と水の量を工夫してみましょう。

■ あそび方

　カルメ焼きは，重曹を加熱すると発生する二酸化炭素により膨らみます。できたカルメ焼きを割ってみましょう。カルメ焼きがスポンジのような泡状の構造をしていることがわかります。うまくつくれたら食べてみましょう。

できあがったカルメ焼き

T　125℃になったよ。紙コップの中に砂糖液を入れるよ。重曹卵をつけた割り箸ですぐにかき混ぜようね。

C　（かき混ぜながら）先生，いつまでかき混ぜるといいの？

T　気体が発生して，砂糖液が膨らんできたら割り箸を真ん中から抜こう。

C　膨らんできた。割り箸を抜くよ。

T　しばらく見ていると，カルメ焼きが膨らんでくるのがわかるよ。

> **ポイント**
> 　卵のアレルギーの子どもがいる場合には，クッキングシートに少量の重曹（0.5g 程度）を入れて，そこに砂糖液を加えて，かき混ぜてもカルメ焼きはできます。

〈参考文献〉
・左巻健男「ぷーっとふくれるカルメ焼き」『理科おもしろ実験・ものづくり完全マニュアル』東京書籍，pp. 5 -12（1993）
・白井文子「カルメ焼きはなぜふくらむ」：青少年のための科学の祭典全国大会ＨＰ

51 割り箸で紙すき

　牛乳パックなどのパルプを使って，紙すきができることは知っていると思います。これは紙から紙のリサイクルです。このパルプの元は，木など植物の繊維です。割り箸を使って木から紙をつくってみましょう。

▌準備の手順

> **材料・用具**　割り箸，重曹（炭酸水素ナトリウム），金床，金槌，ミキサー，鍋，加熱器具，紙すきの道具（水切りネット，型，ふるい，洗面器，おたまなど），タオル・手ぬぐい，アイロン，アイロン台

❶　割り箸を半分に折り，一晩水につける。

❷　鍋に水につけた割り箸を入れ（10膳程度），水２リットルに重曹約20g以上を入れ沸騰させながら３時間以上煮た後，冷ましておく。

❸　重曹で煮た割り箸を金床に乗せ，ほぐすように金槌でたたいてつぶす。やわらかくなった割り箸をミキサーにかける。これで紙の繊維の完成。

紙の繊維をつくる

　この方法を使うと，割り箸だけではなく，木や布などいろいろなものを繊維にして紙すきをすることができます。できた繊維を長期保存したい場合は，繊維のみを取り出し冷凍保存します。

❹　紙の原料を洗面器などの容器に入れ繊維をほぐす。

❺　次のように紙すきの準備をする。

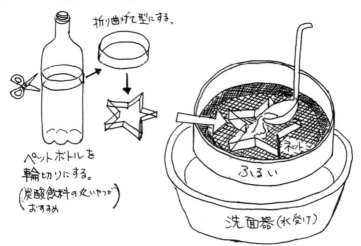

❻　おたまで型の中にほぐした繊維をそっと流し込む。型に 3 mm 程度の
　深さになるように繊維を均等に流す。

❼　水を切って型から外し，手ぬぐいやタオルなどで水分を取る。

❽　できた紙にアイロンをかけ乾かす。

紙すきの様子

　紙になりにくい繊維の場合には，煮る時間を長くしたり，重曹の量を増や
したりするなどの工夫をしてみてください。

▎あそび方

　ペットボトルで型をつくるので，子どもたちが好きな形のしおりをつくることができます。堅い木である割り箸で紙をつくれるようになると，野菜の皮やジーンズなども，紙にできそうだなと感じるのではないでしょうか。子どもたちの周りにあるもので紙すきを楽しみましょう。

T　この「紙のしおり」は何でできているかわかるかな。

C　紙のしおりが何でできているか？　紙でできているんでしょ。

T　この紙は，割り箸からつくった紙です。

C　割り箸が紙になるの？

T　紙は木からつくった繊維でできています。この紙は，割り箸からつくった繊維でつくった紙なんだよ。

ポイント

　このときできる紙は漂白していないため茶色っぽい紙になります。またトロロアオイなどを加えていないため，紙を水に入れるともとの繊維に戻ります。身近なものでは，洗濯のりを少量入れると水に入れてもばらばらになりません。

　ミキサーにかけるときには，水を入れた後，割り箸を少しずつ入れながら繊維の様子を見てください。割り箸を入れすぎるとミキサーに負荷がかかりモーターが焼けてしまうため，注意深く行う必要があります。

　割り箸などの木は，繊維でできています。木をアルカリにして煮ることで木の繊維をつなぐリグニンなどを溶かし，繊維をバラバラにできます。

　この実験では，重曹を使いアルカリ性にしています。重曹を水に溶かしたときは弱いアルカリ性なので，長い時間煮ることが可能な場合には，長めに煮た方がより繊維をバラバラにできます。

〈参考文献〉

・月僧秀弥「割り箸から紙つくり」『青少年のための科学の祭典2003全国大会実験解説集』公益財団法人日本科学技術振興財団・科学技術館，p.124（2003）

52 水中シャボン玉

水中シャボン玉をつくってみましょう。空気中にできる空気のシャボン玉ではなく，水中にできる水のシャボン玉です。いろいろ工夫してみましょう。

▌準備の手順

> **材料・用具**　液体洗剤，コップ（ビーカー），ストロー（6mm 程度の太さのもの），（粘りをつける場合）洗濯のり・ガムシロップ，（色をつける場合）食紅など

❶　コップの中に水を入れる。これに液体洗剤を数滴加え，ストローで泡を立てないように静かに混ぜる。

❷　ストローの先を3cm 程度シャボン液に入れ，親指でストローの口をふさいで持ち上げる。

❸　ストローを液面から1〜2cm 程度まで持ち上げ，ストローの口を押さえていた指をはなし，ストローの中のシャボン液を液中に落とす。すると，液中に水中シャボン玉ができる。

シャボン液を落とす

一度でうまくいかなくても数回繰り返して，この作業に慣れてください。次第に水中シャボン玉ができるようになります。

　何度繰り返してもうまくできないときには，液体洗剤の量を１滴ずつ増やすなど，シャボン液の濃度を変えてみましょう。

▌ あそび方

　水中シャボン玉の実験をやってみると，子どもたちは夢中でシャボン玉をつくります。どうしたらうまくいくだろうといろいろ工夫を始めます。

T　水中にシャボン玉をつくってみましょう。

C　水中にシャボン玉なんてできる？

T　どうだい？

水中シャボン玉

C　すごくきれい。

T　皆さんも水中シャボン玉をつくって，どうしてこんなシャボン玉ができるか考えてみよう。

　水中シャボン玉の構造は，空気中のシャボン玉と正反対の構造をしています。空気中のシャボン玉は水の膜ですが，水中シャボン玉は，空気の膜でできているシャボン玉です。

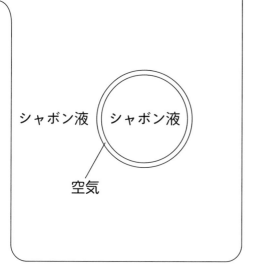

水中シャボン玉とシャボン玉の構造

> **ポイント**
>
> うまくいかないときには，シャボン液に入れる洗剤の量を変化させる，ストローから落とす液の高さを変化させる，洗剤の種類を変えてみる，など工夫点はいろいろあります。繰り返しやってみて，確実に水中シャボン玉ができる方法を工夫してみましょう。

　色つきの別のシャボン液をつくり，ストローに入れ，無色のシャボン液に落とすとカラー水中シャボン玉をつくることができます。

　ガムシロップなどを溶かした別のシャボン液をつくり，シャボン液に落とすと，沈むシャボン玉になります。

〈参考文献〉

・原田正治「消えるカラー水中シャボン玉」左巻健男編著『おもしろ実験・ものづくり事典』東京書籍，pp.313-315（2002）

53 ドライアイスでいろいろ実験

ドライアイスは，いろいろな科学あそびに使うことができます。

■ 準備の手順・あそび方

材料・用具　ドライアイス，手袋（軍手か革手袋），コップ（水，お湯，油），スプーン，ビニル管，万力，フィルムケース，ポリ袋，メスシリンダー，紫色のジュース

❶　ドライアイスを机の上に置き，しばらく観察するとドライアイスの表面に白いヒゲのようなものがつく。空気中の水蒸気がドライアイスに冷やされ氷に変化し，表面に付着したものである。

❷　ドライアイスを水に入れると白い煙が出る。

水の中の泡を見ると泡も真っ白です。お湯に入れるとさらに多くの白い煙が出ます。油に入れると，泡は出ますが，白い煙は出ません。白い煙の正体が水滴であることがわかります。

❸　ドライアイスの上に金属のスプーンを置くと音が聞こえ始める。

ベルのような音です。ドライアイスの上に置いたスプーンは，気化した二酸化炭素により「持ち上げられる・下に落ちる」を繰り返します。この現象の連続により音が鳴ります。

❹　砕いたドライアイスをビニル管に詰めていく。両端を万力できつく止める。

ドライアイスの温度−79℃

左：油　　右：お湯

ドライアイスの上の
スプーン

しばらく待つとドライアイスはビニル管の中で液体に変わります。液体になったらすぐに万力を緩め、ビニル管の口を開放します。液体は一瞬で固体のドライアイスに戻ります。万力を緩めないで放置すると、「バーン」とすさまじい音を立ててビニル管が破裂します。とても危険なので、注意して実験を行ってください。

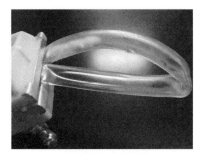

ビニル管の中でドライアイスが液化

❺　ドライアイスをフィルムケースなどはめこんでふたができる容器に入れる。しばらく待つと突然ふたが飛ぶ。

❻　ポリ袋にドライアイスと少量の水を入れる。袋の口を閉じる。しばらくすると袋が破れる。ポリ袋の場合には大きな音がすることはないが、風船にドライアイスを閉じ込めると、突然大きな音で風船は破裂する。

❼　メスシリンダーなど細長い透明の筒にp.96で紹介した紫色のジュースを入れる。ドライアイスのかけらを筒に入れると、ドライアイスが溶けていくにしたがって、ジュースの色が変わっていく様子を見ることができる。これは、二酸化炭素が水に溶けると酸性になるためです。

> **ポイント**
> 　ドライアイスは固体の二酸化炭素です。二酸化炭素は、常圧では固体から気体にならず気体に変わります。そのため、ドライ＝乾いた、アイス＝氷から名前がつけられています。

ドライアイスは手で直接触ってはいけません。また、固体から気体に変わるときにはその体積が750倍になります。そのため、絶対にペットボトルなどに閉じ込めてふたをしてはいけません。

〈参考文献〉
・後藤富治「ドライアイスの実験」左巻健男編著『おもしろ実験・ものづくり事典』東京書籍, pp.236-239 (2002)

54 | ペンシルバルーンの伸び縮み

全学年

　風船が割れた瞬間に触ると冷たい気がしませんか？　風船は急に伸び縮みさせると熱が出入りします。スーパーなどの袋にたくさんのものが入っていると，持っている部分が熱くなることを感じたことがある人もいるのではないでしょうか。

　いろいろなものを伸び縮みさせて温度変化を調べてみましょう。

準備の手順

> **材料・用具**
> 実験1…ペンシルバルーン（1/3程度に短く切って子どもに渡す）
> 実験2…ペンシルバルーン，水入りペットボトル（500mL），スタンド，できる
> 　　　　だけ熱いお湯（またはドライヤー），丸形水槽

【実験1】

❶　短く切ったペンシルバルーンを両手で持ち，素早く伸ばす。このときに顔につけて伸ばすと，ペンシルバルーンが熱くなるのがわかる。

❷　次に伸ばしたペンシルバルーンを急に縮める。するとペンシルバルーンが冷たくなったように感じる。

【実験2】

❶　ペットボトルをペンシルバルーンにつるす（右の写真）。

❷　ペンシルバルーンにお湯をかける（またはドライヤーで温める）。するとペンシルバルーンが縮み，ペットボトルが跳ね上がる。

お湯をかける

■ あそび方

　風船の伸び縮みの実験です。実験１は，風船をクラス全員に配って実験してみましょう。

顔につけた風船を引っ張り，早く長く伸ばす

T　風船にお湯をかけるとどうなると思いますか？

C　熱くなるんだから風船は伸びるんじゃないかな。

T　実験するよ。お湯をかけると。

C　ペットボトルが持ち上がった。風船は縮むんだ。どうして縮むの？

T　この理由は風船のもつエネルギーを考えるとわかるよ。

ポイント

　風船以外に，ポリ袋なども伸ばすと温度が上がることを感じます。

　風船のゴムの分子の鎖（高分子）は，最初は縮んでいて不規則な状態だったのが，風船が伸びるとまっすぐな高分子の鎖になります。このときもっていた熱エネルギーを，分子の外に出すために温度が上がります。逆にゴムを縮めたときには，分子が不規則な状態になるために周りの熱エネルギーを奪い，温度が下がります。まっすぐに伸びた風船を温めると，風船が熱エネルギーを受け取ったため，ゴムの高分子の鎖が動いて不規則な状態になろうとし，風船が縮むのです。

　風船を伸ばす→熱が出る，風船を縮める→熱を奪うが逆の作業により結果も逆になることを知ることが，これからの学びに役立つ経験になります。

〈参考文献〉

・工藤貴正・北野貴久・海老崎功監修「ゴム風船の伸び縮み」『親子で楽しむマジカル科学101』池田図書，pp.136-137（2000）

・実験２は，葛生伸先生（福井大学）に教えていただきました。

55 スポイトあそび

　スポイトは，口を下向きにして水を吸い上げる器具です。スポイトで水を吸う動作は，子どもにとって面白い作業のようです。実験教室などでも楽しそうに，水を吸ったり出したりする様子を見ることができます。

　これらの作業を通して，スポイトを上手に使えるようになります。

▌ 準備の手順

> **材料・用具**　スポイト，容器，食用色素（赤・青），ハンドカップ，グミなどをつくる型（シリコン製），トレイ，ろ紙，水性マジック，吸盤の石けん置き

❶　食用色素を溶かした水を準備しておく。
❷　グミ型や吸盤の石けん置きは，トレイに乗せておく。
❸　ろ紙に水性マジックで絵を描かせておくかたくさんの水玉を描いておく。

▌ あそび方

❶　スポイトで水を吸ってみる。
　最初はうまく吸えない子もいます。水の中で空気を出し，スポイトを持つ指の力を抜くと，スポイトの中に水が入ることがわかります。
❷　スポイトで水滴をシリコン製の型に入れる。
　シリコンは水をはじく性質があるので，型に一杯まで水を入れてもなかなか水はこぼれません。水が盛り上がる様子はゼリーのようです。
❸　ろ紙に水性のペンで絵を描いたり，水玉のように点をつけたりする。この上に水を1滴ずつ落とす。
　水の量で色のにじみ方が変わり，面白い模様ができます。黒色の点からはいろいろな色が広がる様子も見えます。

シリコン型に水を入れる

水性ペンの絵に水滴を落とす

スポイトで水を吸い込んでからスポイトを持ち上げても，水は下に落ちません。でも，スポイトの口から水が落ちてしまうと考え，ついスポイトの口を上に向けてしまいます。スポイトを使って水を移し替えたり，1滴ずつ落としたりすることで，上手に使うことができるようになります。

スポイトの口を上に向けてしまう子が多い

T　スポイトで型の中に水を入れてみよう。

C　すごい。たくさん入れても水がこぼれない。水がゼリーみたい。

T　この型だと水がどんどん盛り上がるね。でも入れすぎるとこぼれるよ。

石鹸置きの吸盤に水を乗せると水玉になる

C　1滴入れたらこぼれた。

T　ゆっくり水を入れていくとなかなかこぼれないよ。

ポイント

スポイトでたくさんの水を吸い込もうとしたり，1滴ずつ落とそうとしたりするには工夫しなければいけません。指先の力の微妙な調整も必要になります。

スポイトは中学校ではピペットになります。簡単に使える器具ですが，中学生でも間違った使い方をします。小学校から正しく使えることは重要です。

56 超撥水あそび

撥水スプレーをかけた傘やレインコートに水滴を落とすと, 水玉になります。ハスや里芋の葉の上の水も水玉です。水は小さくなると水玉になる性質があります。身近なもので「水玉」の実験をしてみましょう。

■ 準備の手順

> **材料・用具** 超撥水シート (ヨーグルトのふたの裏:ヨーグルトがつかないもの), トレイ, 両面テープ, スポイト, 容器, 水

❶ 撥水性のあるヨーグルトのふたの裏の4辺に両面テープを貼る。

❷ はくり紙を剥がし, トレイに貼る。これで超撥水トレイの完成。

　超撥水シートにスポイトで水滴を落とすと, 水玉ができます。このシートの上の水玉は, トレイを動かすとシートの上をコロコロと転がります。超撥水シートが貼っていない側面につくと, 水玉は止まります。

❸ 超撥水トレイにスポイトで水を落とす。水は水滴になる。

❹ トレイを動かして, 超撥水トレイの水を動かす。

❺ トレイの上にたくさんの水玉を落とす。

ハスの葉の撥水

超撥水トレイの撥水

▎ あそび方

　子どもたちにトレイを渡すと，いろいろなあそびを考えて，あそび始めます。

　最初は，「水滴を１滴ずつ落とす」「たくさんの水滴を落として」水玉ができる様子を楽しみますが，しばらくすると，「水滴を転がして」あそび始めます。

　他にも大きな水玉をつくる，水玉をスポイトで動かす，水をいろいろなところ

実験の様子

に配置して絵を描く，など様々な工夫をして遊ぶ様子を見ることができます。

T　トレイの上に水を１滴落としてみましょう。

C　きれいな水玉になる。

T　トレイを動かしてみましょう。

C　水玉が転がる。すごい。

T　トレイの上に水玉を落として遊んでみよう。

ポイント

　水が水玉になる実験は，超撥水シートの他にも水をはじく洋服や撥水スプレーをかけた布などでも体験できます。身近にある水をはじくものを探してみるのも面白いと思います。

　ハスや里芋の葉は，その表面の構造で水をはじきます。これを「ロータス効果」といいます。葉の汚れ防止機能です。この仕組みがヨーグルトのふたの裏に使われ，ヨーグルトがふたの裏につきにくくなっています。

〈参考文献〉
・月僧秀弥「表面張力で遊ぼう－幼児の科学体験－」『青少年のための科学の祭典2018全国大会実験解説集』
　公益財団法人日本科学技術振興財団，p.62（2018）
・東洋アルミＨＰ　https://www.toyal.co.jp/jiyukenkyu/example.html

57 | 浮き沈み

　いろいろなものの浮き沈みはとても興味深い現象です。思いがけないもの
が浮いたり沈んだりします。沈んだものを小さくしていくとそのうち浮くの
でしょうか。野菜を使って確かめてみましょう。

▋ 準備の手順

材料・用具　水槽，水に入れる物体，野菜

　水槽のほか，下記を準備します。

水に入れる物体…硬貨，スーパーボール，木のブロック，発泡スチロール，
　　　　　　　　　プラスチック製品など

野菜…ニンジン，キュウリ，トマト，大根，ピーマンなど

　子どもたちに実験させる野菜はあらかじめ切って，トレイに並べておきま
す。

▋ あそび方

❶　子どもたちに予想させた後，水に入れてそれぞれの物体が浮くか沈むか
　を確認する。

❷　同様に野菜の浮
　き沈みの実験を行
　う。

❸　沈んだ野菜を半
　分に切って，浮く
　か沈むかを予想さ
　せる。

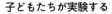

子どもたちが実験する

机に分類して並べる

❹　実際に実験して確かめる。さらに半分に切って同様の実験を行う。

❺　さらに半分，さらに半分と野菜を小さく切りながら浮き沈みを確かめる。

　子どもたちに予想させた後に，自分で実験して確認させることが大切です。実験の様子を見ると，子どもたちは相談しながら順番に実験します。予想をさせることが，グループ活動を促進します。

T　ニンジンは浮くかな，沈むかな？

C　？？浮く？？沈む？？（最初は両方の意見が出る）

T　沈んだね。次はニンジンを半分に切るよ。浮くかな，沈むかな？

C　？？浮く？？沈む？？（浮くが増える）

T　沈んだね。ニンジンをどんどん小さく切っていくとどうなるだろう。

ポイント

　子どもたちは重いものが沈み，軽いものが浮くと答えます。実際はそれぞれの密度によって浮き沈みの結果が決まります。浮き沈みの実験は，子どもたちに素材に注目させる実験です。この実験を通して子どもたちは，最初浮いているものはずっと浮き続け，最初沈んでいたものはどんなに小さくしてもずっと沈み続ける，ということを知ります。

　野菜の浮き沈みは，「空中に実る野菜は浮いて，土の中にできる野菜は沈む」と言われますが，実際にやってみるとそんなことはありません。トマトには浮くトマトと沈むトマトがあります。

　ものを見た目で判断するのではなく，実験してみて初めて結果がわかる面白いあそびです。

水に少し入れて手を離す

58 | 砂鉄あそび

　砂の中にはいろいろな種類の鉱物が含まれています。その一つが砂鉄です。砂鉄を集めて砂鉄あそびをしてみましょう。

■ 準備の手順

材料・用具　磁石，チャックつきの袋，砂鉄，トレイ（海岸の砂を入れる），ふたつきのプラスチック容器，プラスチックペトリ皿，セロハンテープ，ペトリ皿の大きさの絵（白い紙を準備して絵を描かせてもよい）

---

❶　磁石をチャックつきの袋に入れる。砂に磁石を近づけ，砂鉄を集める。

❷　磁石についた砂鉄をプラスチック容器に集め，砂鉄が漏れないようにセロハンテープでとめる。容器の中に入れた砂鉄に磁石を近づける。

磁石で砂鉄を集める

❸　絵を挟んだプラスチックペトリ皿に少量の砂鉄を入れてセロハンテープでとめる。砂鉄を絵の上に動かして遊ぶ。

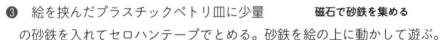

ケースの中の砂鉄に磁石を近づける　　　　砂鉄を動かし，絵を描く

▌あそび方

　砂から砂鉄を集めます。これだけでも子どもたちはとても楽しそうです。

T　磁石につく砂鉄の様子を観察してみよう。

C　砂鉄がウニみたいにとげとげ。

T　磁石を動かしてみよう。

C　磁石についてくる。ペットみたい。面白い。

　海岸や河原に行くと砂の中に黒い筋が見えることがあります。この黒い筋が，実は砂鉄です。これだけ集まっていると，磁石を使わなくても簡単に砂鉄を集めることができます。海岸の砂などに入っている砂鉄は，磁鉄鉱やチタン鉄鉱などです。これらは，磁石に引きつけられる性質をもっています。

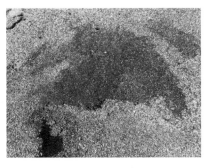

砂の中の砂鉄の様子

　砂に含まれる砂鉄の割合は，場所によって大きく違っています。場所を選ぶことで，多くの砂鉄を集めることができます。

> **ポイント**
>
> 　砂の中から砂鉄を集めるときには，砂が容器からこぼれやすいので新聞紙などを敷いて作業しましょう。磁石に砂鉄が直接つくと取れにくいので，磁石をチャックつきの袋に入れて，砂鉄集めをしましょう。

　集めた砂鉄で実験します。砂鉄がウニ上に延びる様子や，磁石を動かすと砂鉄がついてくる様子など，いろいろな実験に挑戦しましょう。

〈参考文献〉
・鵜飼恵美「砂鉄はどこからやってきた」『青少年のための科学の祭典全国大会2007実験解説集』公益財団法人日本科学技術振興財団・科学技術館，p.34（2007）

59 磁石あそび

多くの子どもが磁石，そして磁石が何かにつくことを知っています。でも磁石同士の反発は知らない子もいます。磁石が集まると強い磁石になることも知りません。磁石を使うと，子どもはたくさんの発見をします。

▌ 準備の手順

> 材料・用具　丸形磁石，磁石のサイズの丸形シール（赤色・青色），トレイ
>
> 磁石につくもの・磁石につかないもの：缶（アルミ・スチール），スプーン（鉄），
> クリップ，ペットボトル，木など
>
> 磁石のおもちゃづくりの材料：コルクボード，たこ糸，磁石，花や蝶を描く紙

❶　丸形磁石の表と裏に色違いの丸形シールを貼る。できたらあらかじめ極がわかっている磁石を利用して丸形磁石の極も調べ，N極が赤色，S極が青色がよい。

❷　磁石につくもの・磁石につかないものを準備してトレイに入れておく。
磁石をつけると壊れるものもあるので，子どもに準備させる場合には注意します。

❸　磁石のおもちゃをつくる。

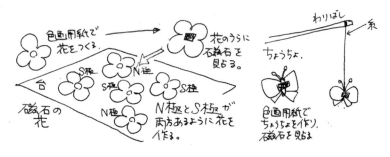

▍あそび方

❶　磁石を見せ，家の中など身近なところで磁石が使われているものや磁石について知っていることを発表させる。

❷　丸形磁石を，1人1つになるように全員に配る。

❸　磁石につくもの・磁石につかないものを配り，磁石を使って分ける。

❹　（発見した子どもがいたら）
　　磁石同士の反応を実験で確かめる。

❺　（発見した子どもがいたら）
　　磁石が集まると強い磁石になることを実験で確かめる。

❻　磁石のおもちゃをつくってあそぶ。

「磁石同士の反発」を発見する　　　　　　物質を分類する

　磁石は，幼児でも知っている科学を感じる道具です。ある保育園で実践したところ，4歳児の半分が，5歳児は全員が磁石を知っていました。家庭でも使うことが多いものだからですね。小学生だとほとんどの子たちが磁石を知っています。

　しかし，磁石が「何か」につくことや，磁石同士が引き合うことは知っているようですが，磁石の反発は知らない幼児も多かったです。だから，磁石の反発を見つけたときの幼児は，すごく興奮して報告してきました。

　このような発見を生かしながら進めていくと，面白い体験になります。

実験の様子

机の下を調べる

C　先生。磁石が逃げていく。

T　どうしたの。詳しく教えて。

C　磁石を机の上に置いて，もう一つの磁石を近づけると磁石が逃げていくの。

T　すごいね。よく見つけたね。

T　発見したことをみんなにも教えてあげて。

ポイント

　「N極・S極」や「鉄」などの用語を使わなくてもいいと思います。でも，それらの用語を知っている子がいたら，その子に語らせながらクラスで共有します。

　磁石をできるだけ自由に子どもたちに使わせます。自由なあそびの中から子どもたちは発見します。子どもの発見をクラスで共有しながら授業を展開します。磁石がとても面白いものであることを感じることができます。

　磁石を近づけると壊れるものがあることを伝え，注意して取り扱う必要があることを知らせます。

60 静電気あそび

　静電気は，身近にある電気です。子どもの中には下敷きで静電気が起こせることを知っている子もいます。身近なものを使って静電気を起こし，静電気で遊びながら電気の基本的な性質を学びましょう。

▌準備の手順

> **材料・用具**　下敷き，風船（ペンシルバルーン：静電気が起きやすいもの），ストロー，キッチンペーパー（厚手のもの），空き缶，ネオン管（小さい蛍光灯），ガチャガチャのカプセル，毛の長いフェイクファーの布（100円ショップのクッションカバーが使える），動眼，両面テープ，空き缶，ストロー，セロハンテープ，ラップフィルム，ペットボトル，ふた，発泡スチロール球（直径2mm程度）

❶　ガチャガチャのカプセルに目や口を描き，顔にする。

❷　ガチャガチャのカプセルを使い，ふさふさ髪の頭の模型をつくる。

❸　空き缶にストローをつけて，静電気発生装置をつくる。

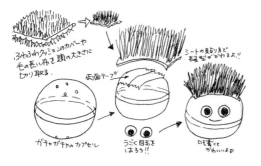 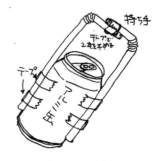

ガチャガチャカプセルの検電器　　　　　　空き缶静電気発生器

❹　ペットボトルの中に発泡スチロールビーズを入れて，ペットボトル検電器をつくる。

▌ あそび方

まず，＋の電気をもつものと，－の電気をもつものが引き合うことを確か
めます。静電気があると動くことが確認できます。

人形の毛が動く・缶が寄ってくる・発泡スチロール球が動く

すべてのものは電気をもっていますが，普段は＋と－の電気を同じ数もっ
ているため感じることはありません。しかし，電気が流れないもの同士を擦
り合わせると，－の電気が移動して静電気が発生します。

静電気を帯電したものは，電気をもったままになるため，次のようなあそ
びができます。

○下敷きを頭で擦ると髪が立つ。

○ガチャガチャの顔に，キッチンペーパーで擦ったストローを近づけると，
　毛が動く。ガチャガチャのケースの毛に，キッチンペーパーで擦った風船
　を近づけると毛が動く。

○キッチンペーパーで擦った風船にネオン管（ネオンランプ）を近づけると，ネオン管が一瞬光る。静電気も電気であることを確認できる。

○発泡スチロール球入りのペットボトルに，静電気をためたストローや風船を近づけると，発泡スチロールの球が動く様子を観察する。

○持ち手つきの空き缶にラップフィルムを巻き，缶を触らないようにラップフィルムを剥がし，指を近づける。バチッと感電体験ができる。

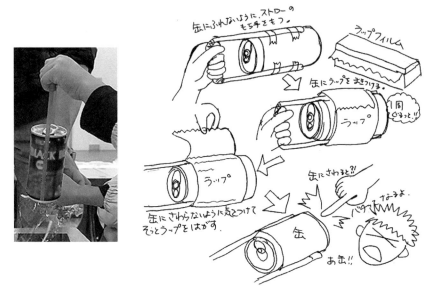

T	静電気をもっているものを近づけると何が起きるか，わかったかな。
C1	毛が動く。
C2	缶が寄ってくる。
C3	発泡スチロール球が動く。 など。
T	静電気があるといろいろ動くことがわかったね。

ポイント

　静電気の実験は汗や汚れがついていると結構難しいです。ストローや風船は新しいものを使い，空き缶などはアルコールで拭いてよく乾かしましょう。

【著者紹介】
月僧 秀弥 （げつそう ひでや）
福井県公立中学校教諭。博士（学術）。
福井県内の小中学校に勤務後，1999年から3年間，福井県児童科学館に勤務しサイエンスショーや実験教室などの科学普及事業を担当する。その後福井県坂井市内の中学校に勤務し現在に至る。理科の授業でも科学コミュニケーションで行われる様々な実験を取り入れた授業を行ってきた。これまで各地の科学館や小中学校，科学イベントでサイエンスショーや実験教室，教員研修で講師を務めた。小中学生対象だけでなく，幼児対象の科学実験や科学体験も行っている。
東レ理科教育賞文部科学大臣賞「簡単にできる「手回し交流発電機」の開発と交流学習の学習」（2011年）。第8回小柴昌俊科学教育賞（公益法人平成基礎科学財団）優秀賞「実演を踏まえた理科授業の改善と教材開発」（2012）。教職員発明考案懸賞募集（内田洋行）奨励賞（2015）。2006年から科学の鉄人（サイエンスフォーラム主催）で5年連続の入賞（2位3回，3位2回）。Battle of Science Show 2014（ガリレオ工房主催）1位。

理科授業サポートBOOKS

小学校理科・生活科 授業で使える科学あそび60

2020年8月初版第1刷刊 Ⓒ著 者 月 僧 秀 弥
発行者 藤 原 光 政
発行所 明治図書出版株式会社
http://www.meijitosho.co.jp
（企画・校正）赤木恭平
〒114-0023 東京都北区滝野川7-46-1
振替00160-5-151318 電話03（5907）6701
ご注文窓口 電話03（5907）6668

＊検印省略 組版所 藤 原 印 刷 株 式 会 社

Printed in Japan ISBN978-4-18-342725-0
もれなくクーポンがもらえる！読者アンケートはこちらから